DOCTRINA METODISTA
Los fundamentos

DOCTRINA METODISTA

Los fundamentos

EDICIÓN REVISADA

TED A. CAMPBELL

Abingdon Press
Nashville

DOCTRINA METODISTA
LOS FUNDAMENTOS

Derechos reservados © 2012 por Abingdon Press

Todos los derechos reservados.

Se prohíbe la reproducción total o parcial de este libro, ya sea de manera electrónica, mecánica, fotostática, por grabación o en sistema para almacenaje y recuperación de información. Solamente se permitirá de acuerdo a las especificaciones de la ley de derechos de autor de 1976 o con permiso escrito del publicador. El permiso se debe solicitar por escrito a Abingdon Press, 201 Eighth Avenue South, Nashville, TN 37203 o por correo electrónico a permissions@umpublishing.org.

Este libro fue impreso en papel sin ácido.

ISBN - 13: 978-1-4267-5512-5

A menos que se indique de otra manera, los textos bíblicos en este libro son tomados de la *Santa Biblia, Edición de Estudio: Versión Reina Valera 1995* © 1994 Sociedades Bíblicas Unidas. Usados con permiso. Todos los derechos reservados.

Estrofa 3 "In Christ There Is No East or West" derechos reservados © 1989 The United Methodist Publishing House. Usado con permiso.

*Dedicado a la congregación
Memorial United Methodist Church,
Beaumont, Texas (1955–1983)*

CONTENIDO

Prefacio 9

Introducción: Los metodistas y la doctrina. 11

Capítulo 1: Doctrinas sobre la autoridad religiosa 35

Capítulo 2: Doctrinas sobre Dios, Cristo y
el Espíritu Santo 45

Capítulo 3: Doctrinas fundamentales sobre la naturaleza
humana y la salvación 55

Capítulo 4: Doctrinas distintivamente wesleyanas
del "Camino de la Salvación" 63

Capítulo 5: Doctrinas sobre la iglesia, el ministerio
y los sacramentos 77

Capítulo 6: Doctrinas sobre el juicio, la vida eterna y
el reino de Dios 97

Capítulo 7: Doctrina metodista y ethos metodista ... 103

Apéndice: Textos del Credo Apostólico, los Veinticinco
Artículos de Religión, y las Reglas
Generales 123

Bibliografía 140

Glosario 144

PREFACIO

Un libro sobre la doctrina metodista deberá ser un libro corto. Este lo es.

Una obra concisa como ésta sólo podrá proporcionar un bosquejo de las enseñanzas metodistas. El profesor Scott J. Jones ofrece un comentario mucho más substancial en cuanto a las declaraciones doctrinales de la Iglesia Metodista Unida que complementa esta obra para esas personas que busquen una mayor comprensión de nuestra herencia doctrinal (ver la bibliografía). En este libro procuro describir las enseñanzas históricas cristianas y metodistas, pero dejo la ilustración de estas enseñanzas en manos de los maestros y las maestras que utilicen este material.

Algunas obras anteriores de las enseñanzas metodistas no están bien documentadas. Mi intención es ofrecer una descripción de las enseñanzas doctrinales históricas del metodismo fundamentadas en nuestras fuentes doctrinales. A pesar de ser un libro corto, la documentación es importante porque trato de mostrar que el material que se discute tiene conexiones demostrables con las pautas doctrinales metodistas. Utilizo los márgenes para dar fluidez al libro e indicar referencias a algunas fuentes doctrinales. El material que no es de fácil acceso lo indico y documento en la sección de "Referencias" al final del capítulo en el que aparecen. Los lectores podrán referirse al Glosario cuando lo requieran pues incluye abreviaturas importantes que utilizo en el libro.

El Apéndice contiene el texto completo de las tres declaraciones doctrinales que mantienen en común las iglesias de la AME, AME Sión, CME y MU: el Credo Apostólico, los Veinticinco Artículos de Religión y las Reglas Generales.

Debo de expresar mi gratitud a muchas personas y grupos por su ayuda con este proyecto. Las siguientes personas leyeron los borradores de la primera edición e incluyeron comentarios, por esto reconozco con gratitud sus contribuciones: Scott J. Jones del Área Episcopal de Kansas de la Iglesia Metodista Unida; George McClain, quien era entonces Director Ejecutivo de la Federación Metodista de Acción Social; y el Hermano Jeffrey Gros, del Seminario Teológico de Memphis. La Faith and Fellowship Class y Faithlink Class de Rockville United Methodist Church me ayudaron en la lectura de borradores en mayo y junio de 1998. Su lectura y sugerencias fueron de gran ayuda para remodelar el libro, y agradezco enormemente su ayuda.

En esta versión revisada, he incluido referencias a las investigaciones más recientes de la doctrina metodista. He separado la sección "Recursos y referencias" al final del capítulo en párrafos separados —"Referencias" y "Recursos adicionales". He añadido referencias a algunas de las obras de Juan Wesley en la conclusión de cada capítulo para lectores que quieran estudiarlos, y proveo los números de página de estas obras en la colección de textos de Wesley (*A Wesley Reader*) disponibles como descarga gratis en www.tuckapaw.com.

Es mi oración que los metodistas encuentren este libro útil para familiarizarse con las creencias que mantenemos en común con otros cristianos, al mismo tiempo que es un libro distintivamente metodista. De esta forma, espero que su confianza en la fe se fortalezca y que la meta de unidad mayor de cristianos y metodistas se cumpla.

INTRODUCCIÓN

LOS METODISTAS Y LA DOCTRINA

La intención de este libro es describir de forma concisa y críticamente precisa las enseñanzas históricas de cuatro denominaciones metodistas relacionadas entre sí,

La intención del libro

La Iglesia Metodista Episcopal Africana (AME),
La Iglesia Metodista Episcopal Africana Sión (AME Sión),
La Iglesia Metodista Episcopal Cristiana (CME), y
La Iglesia Metodista Unida (IMU).

Estas cuatro denominaciones participan de una herencia común con la Iglesia Metodista Episcopal (ME) que se organizó formalmente en Baltimore en 1784. Tienen normas episcopales comunes, una forma de gobierno eclesial histórica en la que los obispos juegan un papel central. Comparten, sobre todo, un grupo de doctrinas comunes, los Veinticinco Artículos de Religión heredados de la iglesia ME.

Relación entre estas iglesias

A través de la Comisión de Unidad y Cooperación Pan-Metodista, estas cuatro iglesias están embarcadas en un proceso de discernimiento para establecer vínculos de unidad mayores. Excede los objetivos de este libro exponer por completo la historia de las divisiones y reuniones que llevaron a la formación de estas cuatro iglesias. Se podría argumentar que de ninguna manera la división de estas surgió por diferencias doctrinales, pero afirmar esto sería entender de manera minúscula la "doctrina" (ver más adelante) foránea a la comprensión del metodismo. Como veremos, el consenso de la doctrina metodista ha incluido siempre un consenso en temas morales. De hecho, el asunto de la esclavitud y el tema relacionado de las actitudes raciales han sido los factores más consistentes en la división de estas iglesias. Sin embargo para que el lector pueda entender de forma general cómo se relacionan estas iglesias, podemos resumir los siguientes doce pasos de división y reunión:

ME 1784

1. La Iglesia **Metodista Episcopal** (ME) se organizó en Baltimore en 1784, y fue la iglesia de la que las cuatros iglesias en este estudio se originan.

AME a finales del siglo XVIII

2. Los seguidores africanos y africanos americanos de Richard Allen en Filadelfia salieron de la sociedad metodista de St. George a finales del siglo XVIII por el trato poco respetuoso por parte de sus

INTRODUCCIÓN 13

compañeros metodistas. Organizaron una sociedad separada relacionada con la iglesia ME pero que llegó a separarse formalmente de la denominación en la décadas de 1810 y originó la Iglesia **Metodista Episcopal Africana** (AME).

3. Al mismo tiempo (en la década de 1790), personas de origen africano en la sociedad de John Street en Nueva York formaron también una sociedad separada. Ésta, también, se organizaría en las subsecuentes décadas como una denominación independiente, la Iglesia **Metodista Episcopal Africana Sión** (AME Sión).

   *AME Sión
   a finales del
   siglo XVIII*

4. El pastor reformado alemán Philip William Otterbein en Baltimore comenzó a organizar sociedades en Pennsylvania y Maryland a finales del siglo XVIII. Estas sociedades eran similares a las sociedades metodistas, aunque no estaban vinculadas formalmente a ellas. Los sucesores de Otterbain se llamaron a sí mismos los **Hermanos Unidos** (HU) en Cristo, y en las primeras décadas del siglo XIX se organizaron más como una denominación.

   *HU
   a finales del
   siglo XVIII*

5. Varias sociedades metodistas de habla alemana se organizaron a principios del siglo XIX bajo el liderazgo de Jacob Albright.

   *AE a principios
   del siglo XIX*

Aunque estaban relacionadas con las sociedades ME al principio, con el tiempo se separaron y se llamaron la **Asociación Evangélica** (AE).

MP 1830

6. A muchos miembros de la iglesia ME les disgustaba la posición de poder de los obispos de la denominación e insistía en la representación laica en las conferencias. Cuando se rechazó su inquietud, formaron la Iglesia **Metodista Protestante** (MP) (1830).

MES 1845

7. A pesar de que Juan Wesley y la conferencias ME primitivas rechazaron la posesión de esclavos entre los metodistas, esta condición moral de membresía se ignoraba cada vez más en las Conferencias Anuales del sur. La Conferencia General de 1844 de mala gana adoptó el Plan de Separación por el que las conferencias del sur organizaron en 1845 una iglesia separada, la Iglesia **Metodista Episcopal del Sur** (MES).

CME 1870

8. Tras la Guerra Civil, los miembros africano americanos de la iglesia MES formaron su propia denominación (1870), al principio llamada la Iglesia Metodista Episcopal de Color y que, posteriormente, adoptaría el nombre de Iglesia **Cristiana Metodista Episcopal** (CME) en la década de 1950.

INTRODUCCIÓN

9. Tras décadas de separación, las iglesias ME, MP, y MES se volvieron a unir en 1939 para formar la **Iglesia Metodista** (IM).   **ME+MP+MES = IM (1939)**

10. Las iglesias de los HU y AE se unieron en 1946 formando la Iglesia **Evangélica Unida de los Hermanos** (EUH).   **HU+AE=HEU (1946)**

11. La Iglesia Metodista y la de los EUH se unieron en 1968 para formar la **Iglesia Metodista Unida** (IMU).   **IM+HEU = IMU (1968)**

12. Los líderes de la AME, AME Sión, CME, MU y otros pocos grupos metodistas norte americanos se comenzaron a reunir en la década de 1980 y formaron la Comisión para la Unidad y Cooperación Pan-Metodista, no formando una denominación sino una coalición de iglesias en la búsqueda del discernimiento en cuanto a cómo deberían vincularse.   **Comisión de Unidad y Cooperación Pan-Metodista**

Esta lista no incluye otras iglesias metodistas en el mundo, como las iglesias metodistas británicas ni tampoco iglesias metodistas norteamericanas a parte de los predecesores de las iglesias AME, AME Sión, CME y MU. La historia de cada iglesia que constituye esta lista está tan llena de riqueza y complejidad que se anima a los lectores a que la exploren independientemente. Sin embargo el enfoque de este libro está en la unidad doctrinal de las Iglesias AME, AME Sión, CME y MU.

Necesidad del estudio de la doctrina metodista

La razón principal de este estudio doctrinal es que los cristianos puedan tener clara la fe que profesan juntos. Pero además podemos anotar otras tres razones que subyacen este estudio de doctrina metodista con importancia particular. (1) El hecho de que estas cuatro denominaciones consideren en la actualidad una unidad mayor hace del entendimiento de las doctrinas que mantienen en común particularmente importante en estos momentos. (2) Cada una de estas denominaciones requiere de su clerecía que estudien las doctrinas de sus iglesias. Sin embargo hasta la fecha, esos cursos no tienen los recursos adecuados la estudiar la doctrina como un cuerpo de las enseñanzas comunes que mantienen (ver la definición más abajo). (3) El hecho de que la doctrina y la utilización de las declaraciones doctrinales se han convertido en tema de contención (por los menos en la IMU) en los últimos años nos llevan a la importancia del estudio de la doctrina metodista. El grado desafortunado de polarización entre las iglesias demanda una evaluación cuidadosa y de discernimiento espiritual de las creencias que mantenemos en común.

Definición de "doctrina"

Este libro *Doctrina Metodista* explica *lo que los metodistas se han puesto de acuerdo para enseñar*. Nos centramos en este libro en el consenso, o acuerdo, en la enseñanza en vez de las enseñanzas de teólogos específicos. La enseñanza metodista desde su origen contiene consenso en cuanto a los temas morales

INTRODUCCIÓN

además de los temas teológicos formales (en cuanto a Dios, la salvación, la iglesia, etc.). Pero debemos distinguir la doctrina de común acuerdo, o corporada, de la *teología* como tal, la cual denotará cualquier reflexión crítica sobre enseñanzas religiosas. Nuestro estudio en este libro no considerará las declaraciones contemporáneas ni criticará la doctrina histórica. Se limitará a la tarea, si es posible, de describir con precisión el consenso histórico de los metodistas en cuanto a las enseñanzas cristianas.

Las iglesias han hecho uso de varios medios por los cual han alcanzado y expresado consenso. En la iglesia primitiva, el consenso se expresaba primordialmente a través del concilio de obispos. En el tiempo de la Reforma, se alcanzaba consenso y se reforzaba en la mayoría de las iglesias protestantes a través de la agencia de liderazgo político. Pero no será hasta a partir del siglo XVII que se desarrollarían métodos de consenso más participativos en las comunidades protestantes. Entre la denominaciones Pan-Metodistas, las *Conferencias Generales* afirman y expresan el consenso doctrinal. Las Conferencias Generales son el único cuerpo denominacional que puede alterar las normas históricas de la denominación o añadir nuevas normas dirigidas a toda la denominación. Éstas también pueden expresar doctrina de manera más informal, por ejemplo, en el desarrollo de nuevos himnarios y recursos de adoración, ya que ambos expresan consenso doctrinal.

Alcanzar consenso doctrinal

Un "espíritu católico"

Una tendencia consistente de la herencia wesleyana, y de las iglesias metodistas, ha sido una notable liberalidad, o apertura, en cuanto a asuntos doctrinales. Juan Wesley animaba a lo que el llamaba un *espíritu católico*, un deseo a ser abierto o a trabajar juntos con esos con quienes diferían significativamente en asuntos de adoración y enseñanzas pero que no afectan la esencia de la fe cristiana. Como veremos, los metodistas han establecido muy pocos requisitos doctrinales para su membresía, aunque han mantenido a los miembros de la iglesia responsables por sus enseñanzas. El metodismo nunca ha pretendido ser la única verdadera iglesia y ha mantenido en muy pocas ocasiones ser la "más verdadera" de todas las iglesias. Se considera más bien un movimiento religioso con una misión específica dentro del cuerpo más amplio de creyentes en Cristo. Aprender la tradición metodista deberá considerarse aprender la tradición cristiana total de manera en la que la liberalidad, o apertura, en la doctrina se anima como una disciplina espiritual central.

Doctrinas "esenciales" y "opiniones"

Al describir su visión de un "espíritu católico", Juan Wesley distinguió entre doctrina *esencial* en la que el acuerdo, o consenso, es crítico, y *opiniones* en cuanto a la teología o prácticas eclesiales en las que debe permitirse las diferencias (el desacuerdo). En su sermón "El espíritu católico" no especificó cuáles eran las doctrinas "esenciales". Sin embargo más tarde en sus escritos podemos distinguir dos tipos de doctrinas esenciales: (a) doctrinas que definen la herencia ecuménica, o "católica", más amplia de la fe cristiana (éstas incluyen doctrinas sobre la Trinidad y la naturaleza de Cristo definidas en los primeros siglos del cristianismo, doctrinas sobre la necesidad humana de gracia que se define en el tiempo de la Reforma, doctrinas sobre la iglesia, sus sacramentos y ministerios) y (b) doctrinas que definen la espiritualidad y enseñanzas concretas del movimiento metodista (particularmente las enseñanzas sobre el "camino de la salvación", que incluyen la gracia preveniente, justificadora y santificadora; ver el capítulo 4)[†]. Con todo esto vemos que Wesley tenía una idea de lo que era comúnmente cristiano y de lo que era distintivamente metodista. Esta distinción de lo puramente metodista y lo que pertenece a la generalidad de la doctrina cristiana persiste en las declaraciones doctrinales metodistas. Podemos ver esto al identificar tres fases del desarrollo metodista.

El material doctrinal metodista más antiguo, de la época de los hermanos Wesley, describe la misión distintiva del pueblo metodista. Los metodistas de la época de Wesley no se consideraban a sí mismos separados de la iglesia, y aceptaban las doctrinas y la adoración tradicional de la Iglesia de Inglaterra. "Las Reglas Generales" de las Sociedades Metodistas (1743), los *Sermones* y *Notas al Nuevo Testamento* de Wesley, la primera *Colección* de himnos metodistas (1780), y las "Minutas Doctrinales" (utilizadas por

Doctrina para un movimiento religioso

la Iglesia AME como su "Catecismo de Fe") trataban del asunto de la salvación, la función del pueblo metodista como un medio de la gracia de Dios, y las implicaciones éticas de esta búsqueda de la salvación.

Doctrina para las denominaciones metodistas

Una segunda fase del desarrollo de la doctrina metodista surgió cuando los metodistas se convirtieron en denominaciones americanas entre el año 1784 y 1870. En este período varias iglesias metodistas adoptaron declaraciones doctrinales que expresan más la esencia de la enseñanza cristiana. Los Veinticinco Artículos de la Religión que mantienen en común las iglesias AME, AME Sión, CME y MU, además de la Confesión de Fe de los HU (sobre la que se basa la Confesión de Fe actual de la MU) datan de este período. Ambas representan la herencia de la fe la iglesia primitiva y de la Reforma y contienen muy poco de lo que es distintivamente metodista. En este período, las iglesias metodistas tenían que responder también a los desafíos de otras denominaciones. Un ejemplo de esto es la declaración de la Iglesia AME en cuanto a la "sucesión apostólica", en respuesta directa a las declaraciones hechas por algunos episcopales de que los ministros ordenados metodistas y de las otras iglesias no eran válidas porque no preservaban una sucesión inquebrantable de obispos desde los apóstoles. (Es importante destacar que la Iglesia Episcopal no ha hecho tales declaraciones). Los himnarios metodistas de esa época también marcan la necesidad de expresar la totalidad de la enseñanza

INTRODUCCIÓN

cristiana: además de la enseñanza del "camino de la salvación", por ejemplo, comenzaron a incluir más himnos trinitarios.

Una tercera fase del desarrollo de la doctrina metodista ha sucedido en los últimos cien años, cuando las iglesias metodistas se involucraron más activamente con el movimiento ecuménico. Este movimiento buscaba la unidad visible de las iglesias más allá de la unidad invisible o espiritual que todos los cristianos comparten y de los asuntos sociales críticos. Una muestra de esto era el creciente uso de los credos históricos cristianos por parte de los metodistas. Aunque las iglesias metodistas han utilizado el Credo Apostólico desde el siglo XIX, comenzaron también a utilizar el Credo Niceno a mediados del siglo XX. Los himnarios metodistas en el último siglo muestran una tendencia consistente a seleccionar himnos de varias tradiciones cristianas. Una declaración doctrinal significativa de este periodo, la declaración MU de "Nuestra tarea teológica", expresa enseñanzas históricas metodistas en el contexto de la "fe apostólica" que comparten todos los cristianos. Las preguntas hechas para la membresía metodista también reflejan el sentido creciente del compromiso ecuménico: ambas iglesias, la MU y la AME, han comenzado a hacer preguntas a sus candidatos enraizadas en los credos bautismales de la iglesia primitiva. Las liturgias metodistas en el siglo XX muestran también una creciente identificación con una comunidad cristiana más amplia.

Doctrina para una comunidad cristiana ecuménica

Fuentes de doctrina metodista

Estas tres fases del desarrollo doctrinal han legado declaraciones doctrinales a nuestra iglesia con diferentes vías de aprobación formal. Las cuatro denominaciones metodistas que estudiamos aquí incluyen o se refieren a algunas declaraciones doctrinales en sus *Disciplinas* con validez constitucional. De hecho, podríamos notar que las iglesias AME y AME Sión continúan la costumbre de la iglesia ME de nombrar sus libros disciplinarios subrayando la centralidad de la doctrina: *The Doctrine and Discipline of the [African] Methodist Episcopal [Zion] Church*. Estas cuatro iglesias mantienen en común dos declaraciones doctrinales: Los Veinticinco Artículos de Religión y las Reglas Generales. A parte de éstas, las iglesias AME e IMU tienen material doctrinal adicional. A continuación nombraremos las nueve declaraciones doctrinales formales de las iglesias AME, AME Sión, CME y MU que hemos utilizado en este libro.

1. **Los Veinticinco Artículos de Religión** (1784; AME, AME Sión, CME, IMU).

2. **Las Reglas Generales** (década de 1740; AME, AME Sión, CME, IMU).

3. **El Catecismo de Fe** (basado en las "Minutas Doctrinales" wesleyanas; AME).

4. **La Declaración sobre la "Sucesión Apostólica" y "Formalismo Religioso"** (1884; AME).

5. **La Confesión de Fe** (de los Hermanos Unidos; 1816, y revisada muchas veces posteriormente; IMC).

6. **Los Sermones de Juan Wesley** (década de 1700; IMU; el estado constitucional en otras iglesias no es claro).

7. **Las Notas al Nuevo Testamento** (década de 1700; IMU; el estado constitucional en otras iglesias no es claro).

8. **El Credo Social Metodista** (el primero en 1908, revisado en muchas ocasiones posteriormente; CME e IMU en diferentes versiones).

9. **La declaración de "Nuestra Tarea Teológica"** (1972, revisada en 1988; IMU).

Todas estas declaraciones doctrinales tienen poder constitucional (están protegidas por la constitución de sus denominaciones) o por lo menos tienen poder disciplinario (se especifican en una *Disciplina* publicada) en las denominaciones metodistas. Deberemos señalar también que los himnos y los credos históricos que se incluyen en los himnarios metodistas funcionan en la práctica como normas *de facto* de enseñanzas o doctrinas comúnmente acordadas. Más aún, las iglesias metodistas han aprobado algunos documentos ecuménicos que indican cierto consenso doctrinal con el resto de la comunidad cristiana.

Otras fuentes de doctrina metodista

Himnarios metodistas

Los himnarios metodistas desde mediados del siglo XIX consistentemente comienzan con la adoración a la Trinidad, recordando la adoración subyacente en los credos ecuménicos antiguos. Tienen casi uniformemente una sección extensa sobre la "Vida Cristiana", que describe la tradición espiritual más distintiva de Wesley que se centra en el "camino de la salvación" desde el reconocimiento del pecado y el arrepentimiento, a la justificación y la "seguridad de perdón", a la santificación y la búsqueda de la "perfección cristiana". Por esto, el himnario refuerza la fe que se enseña en los Artículos y Confesiones, además de la espiritualidad con un carácter distintivo wesleyano que se explica en los *Sermones* de Wesley (arriba). Con esto no se debe esperar que cada himno del himnario metodista contenga la misma calidad consensual. Muchos himnos se han ido incorporando, y son éstos los que tienen mayor peso en la expresión del consenso histórico. Además, se podría argumentar, que la estructura consistente de los himnarios (por ejemplo, comenzar con la adoración del Dios trino) también conlleva peso en la interpretación de la doctrina.

Credos históricos

Los Treinta y Nueve Artículos de Religión de la Iglesia de Inglaterra sancionaban formalmente la utilización del Credo Apostólico, Credo Niceno y Credo de Atanasio. (El "Credo de Atanasio" data del siglo V y lo utilizaron las iglesia occidentales, pero no fue adoptado por los metodistas). Wesley, sin embargo, omitió este artículo cuando revisó los Artículos de Religión para los metodistas norteamericanos, y omitió el credo de los servicios de comunión en su revisión del Libro de Oración Anglicano, *El servicio dominical de los metodistas en Norteamérica* (1784). Estas omisiones no indicaban objeción a las doctrinas de los credos. Sin embargo son importantes porque dejaron a los metodistas sin una declaración formal de los credos históricos. Los Artículos de Religión y la Confesión de Fe MU utilizan el lenguaje del Credo Niceno (siglo IV d. C.) y la "Definición de Fe" del Concilio de Calcedonia (451 d. C), por lo que no se pone en duda que los metodistas estuvieran de acuerdo con el contenido de los credos históricos.

Los himnarios metodistas de mediados del siglo XIX comenzaron a incluir el Credo Apostólico en la adoración, que se ha convertido en el credo que se acostumbra a recitar en las iglesias metodistas norteamericanas, junto con las denominaciones históricas del metodismo africano americano (AME, AME Sión y CME). Fue recientemente, en el siglo XX, que los metodistas norteamericanos incorporaron el Credo Niceno en los himnarios, y su utilización en los cultos continúa siendo esporádica. Quizás la declaración más explícita de la fe nicena por parte de los metodistas tomó forma en la aceptación de las cuatro denominaciones metodistas del *COCU Consensus*, el cual formaba la base doctrinal

Credo Niceno;
Himnarios:
AME (1984),
no. 529; MU
(1989), no. 550

de una propuesta "Church of Christ Uniting" (Iglesia de Cristo Unida).

Compromisos ecuménicos

La mención del *COCU Consensus* señala otra expresión extra-constitucional de los compromisos doctrinales metodistas, específicamente, compromisos doctrinales expresados en acuerdos ecuménicos. Los metodistas participaron en el estudio del *Bautismo, Eucaristía y Ministerio* (BEM) del Concilio Mundial de Iglesias y con esto indicaron por primera vez que los metodista, junto con los otros cristianos, podrían reconsiderar algunos de sus intereses tradicionales a la luz de la comunidad ecuménica. Por ejemplo, el BEM declara que "el bautismo precedido de una profesión de fe personal es la forma más claramente atestiguada en los documentos del Nuevo Testamento"[†].

En ambos, el BEM y *COCU Consensus*, las iglesias metodistas han señalado su disposición a considerar el oficio del obispo como una tercera "orden" del ministerio junto con las órdenes de los diáconos y presbíteros, como las tradiciones católica, ortodoxa y anglicana han hecho en el pasado. Las conversaciones metodistas (algunas con la dirección del Concilio Mundial Metodista) con la Iglesia Católica y otras iglesias podrían tener también implicaciones en la interpretación contemporánea de la doctrina.

Doctrina y membresía de la iglesia

Los metodistas exigen pocos requisitos doctrinales para la membresía de sus iglesias. Sin embargo se han reservado la posibilidad de remover la membresía de la iglesia a causa de "diseminación de doctrinas

INTRODUCCIÓN

contrarias a las normas de doctrina establecidas"† de una denominación metodista. Durante el comienzo de este siglo la tradición de las iglesias metodistas y las iglesias de los Hermanos Unidos en Cristo practicaron una forma de preparación que describieron como "membresía a prueba" en una congregación local (esta práctica continúa en las iglesias de la AME, AME Sión y CME pero no en la IMU). Se recibía a un individuo temporalmente y entonces, después de su capacitación y evidencia de conducta cristiana, se le recibía como miembro total de una congregación, pero en este proceso se enfatizaba la moralidad y espiritualidad en vez de la profesión de doctrina.

De hecho, es en el siglo XX cuando los metodistas señalaron más explícitamente los requisitos doctrinales para la membresía en la iglesia. El rito para recibir a los miembros adultos en el *himnario* de 1935 de la Iglesia Metodista incluía la pregunta, "¿Recibe y profesa la fe cristiana como está contenida en el Nuevo Testamento de nuestro Señor Jesucristo?" Esta pregunta discutible doctrinalmente está en conflicto con el Artículo de Religión (6), que declara la unidad de los dos Testamentos. Por esto la pregunta se revisó en el *himnario* de 1964 de la Iglesia Metodista (entonces MU), "¿Recibe y profesa la fe cristiana como está contenida en las Escrituras del Antiguo y Nuevo Testamento?" Al mismo tiempo, en el orden del pacto bautismal para adultos se añadía la pregunta, "¿Cree en Dios Padre Todopoderoso, creador del cielo y de la tierra; y en Jesucristo su unigénito Hijo, nuestro Señor; y en el Espíritu Santo, Señor y dador de vida?" Estas preguntas aparecen en los *himnarios* de la AME 1984 y de la IMU 1989, aunque la profesión de fe en la Trinidad se dispone en tres preguntas separadas y permite la utilización de los tres artículos del Credo de los Apóstoles (recitados con toda la congregación) como respuesta. En este caso, al igual que con el uso de los credos históricos, el diálogo y el contacto ecuménico han influido en las iglesias metodistas para explicitar sus compromisos doctrinales. A pesar de que los miembros de la iglesia declaran una profesión doctrinal mínima, pueden ser destituidos por enseñanzas doctrinales contrarias a las de la denominación. Sin embargo, los casos de destitución por razones doctrinales se han minimizado considerablemente en los últimos cien años.

Dado que nuestras iglesias rara vez disciplinan a los miembros por cuestiones doctrinales, deberemos considerar las dimensiones más prácticas de la doctrina y la membresía en la iglesia. Muy pocas personas van a las iglesias hoy día buscando un compromiso doctrinal. Sin embargo una vez que la persona adopta una iglesia (de la denominación que sea) surge la importancia de conocer las enseñanzas históricas de la tradición de esa iglesia. Los candidatos a la membresía de la iglesia deberán conocer las

INTRODUCCIÓN

enseñanzas históricas cristianas y metodistas, y deberán sentirse cómodos con la adoración metodista (como se expresa en los himnarios) y con las prácticas metodistas (como, por ejemplo, nuestro sistema de nombramiento ministerial).

Los candidatos para la ordenación en las iglesias metodistas reciben escrutinio en una variedad de temas, entre los que se incluyen la doctrina cristiana histórica y enseñanzas wesleyanas específicas. Más allá de este examen general, a los candidatos de las iglesias AME Sión y MU para la orden de presbítero y a los candidatos de la MU para la orden de diácono (permanente) se les pregunta antes de la Conferencia Anual:

Doctrina y ministerio ordenado

¿Ha estudiado las doctrinas de la Iglesia Metodista Episcopal Africana Sión [MU: "la Iglesia Metodista Unida"]?

A los candidatos de la AME Sión y la MU para la orden de presbítero se les pregunta además:

¿Los predicará y mantendrá?†

Aunque "las doctrinas de nuestra iglesia" no son específicas, más evidentemente la pregunta se refiere al contenido de las pautas doctrinales protegidas constitucionalmente (mencionadas anteriormente). La iglesia CME simplemente pregunta a sus candidatos para la orden de presbítero, "¿Está dispuesto a ajustarse a la *Disciplina* de la iglesia?"† Como en el caso de los miembros laicos de las congregaciones, los ministros ordenados pueden ser destituidos por la enseñanza de doctrinas contrarias a las pautas doctrinales de la iglesia y, de nuevo, se han dado muy pocos casos (aunque algunos) de destituciones por cuestiones doctrinales en este siglo.

¿Doctrina metodista? El lector podría seguir preguntándose si existe tal cosa como la doctrina metodista. Es una pregunta legítima. ¿Se consideran triviales los acuerdos entre los metodistas? ¿Son estas pautas doctrinales a las que nos referimos en este libro algo simplemente escrito en libros y sin conexión alguna con la vida de los cristianos metodistas de hoy? Consideremos los siguientes tres puntos: (1) Encontramos una gama amplia de acuerdos en nuestras declaraciones doctrinales, en los himnarios metodistas y liturgia contemporánea y en nuestros compromisos ecuménicos. (2) Nada en las declaraciones doctrinales examinadas aquí indica que los metodistas sean grupos de una *corporación*. Es decir, los metodistas pueden tener ciertas creencias como individuos, pero las declaraciones doctrinales que las comunidades han adoptado hablan sólo en nombre de esas *comunidades*. (3) Es importante en nuestro contexto actual de secularización de la cultura contemporánea que la iglesia sea clara en cuanto a sus enseñanzas centrales. Quizás en el pasado las iglesias tenían el lujo de simplemente proponer una gran variedad de acuerdos en cuanto a creencias básicas cristianas. Si este fue el caso, esta práctica deberá dejarse en el pasado pues es ahora

INTRODUCCIÓN 31

cuando los metodistas, y otros cristianos, deben clarificar lo que creen y enseñan en conjunto. Más allá de estos tres puntos, el lector deberá analizar por sí mismo las enseñanzas particulares que se tratan en este libro. Por ejemplo, en cuanto a la doctrina de la Trinidad (capítulo 2) ¿no hay acuerdo substancial entre las enseñanzas de los Artículos de la Religión, la Confesión de Fe MU y los himnos (junto con la doxología) que se entonan consistentemente en las congregaciones metodistas? Este libro pretende demostrar el nivel de consenso que existe en la doctrina metodista.

* * *

"Las doctrinas no son Dios", escribe C.S. Lewis en *Mero Cristianismo* "son sólo una especie de mapa. Pero tal mapa se basa en la experiencia de personas que realmente estuvieron en contacto con Dios"†. El mismo Juan Wesley declaró que la ortodoxia doctrinal por sí misma "es una parte muy reducida de la religión"†. Debemos mirar más allá de las doctrinas para discernir los misterios divinos a los que se refieren. Para el pueblo metodista, el aprendizaje de las doctrinas se ha dado al entonar himnos, al escuchar sermones, en las clases de membresía o en los estudios bíblicos de la escuela dominical. En este proceso contemplamos, más allá de las palabra escritas o habladas, las realidades a las que se refieren. En la enseñanza de la Trinidad, por ejemplo, contemplamos la iglesia y su adoración de Dios. En la enseñanza en

Doctrina y espiritualidad

cuanto a la naturaleza pecaminosa de la humanidad, contemplamos las formas en las que Dios sana a la creación y a nosotros. Al considerar la doctrina, entonces, examinamos la sabiduría colectiva de la iglesia a través de las generaciones y su relevancia con la vida actual en la presencia divina.

El fin de la doctrina metodista

El propósito de la enseñanza metodista no es avanzar en el metodismo. Nuestra herencia ha sido utilizada por Dios con un fin mayor: la venida del reino de Dios. Por esto debemos orar fervientemente por el día en el que el metodismo cesará de existir, por ese gran día cuando, nuestra misión histórica se haya cumplido por la gracia divina, cuando la herencia wesleyana se haya disuelto en la gloria de la iglesia que es "una, santa, católica y apostólica ". En palabras de Carlos Wesley, "nombres, sectas y partidos han caído; tú, oh Cristo, eres todo en todo".

Referencias: Las declaraciones de Juan Wesley sobre la doctrina "esencial" que define la comunidad cristiana se pueden ver, por ejemplo, en su "Carta a un católico romano" (1748), donde ensaya las doctrinas del Credo Niceno. Por otro lado las doctrinas definitivas del movimiento metodista se resumen en "Los principios de un metodista, mejor explicados" (1746), VI:4-6, en el cual hace referencia a tres enseñanzas centrales: arrepentimiento, fe y santidad. En el diálogo sobre las "pautas wesleyanas", ver Heitzenrater, *Mirror and Memory*, 189-204; y Oden, *Doctrinal Standards in the Wesleyan Tradition*. En cuanto al uso de los credos históricos, cf. Harmon,

INTRODUCCIÓN 33

"The Creeds in American Methodism," 1:563). La declaración de la AME en cuanto a la Sucesión Apostólica y el Formalismo Religioso (1884) dice que "reconocemos que la repetición ordenada del…Credo Apostólico…podrá conducirnos al logro" de la adoración espiritual (citada en la *Discipline* de la AME 1976, 31). "El COCU *Consensus*" se encuentra en Burgess y Gros, *Growing Consensus*, 42. La cita sobre el *Bautismo, Eucaristía y Ministerio* es de la impresión de 1982, 4. Las preguntas para la membresía eclesial aparecen en los himnarios de la IM y MU: *Hymnal* de 1935, 543; *Hymnal* de 1964, sección de rituales, n. 829 y 828; y el *Hymnal* de 1988, 35. La posibilidad de eliminación de la membresía por la enseñanza de doctrinas contrarias a las de la denominación se estipulan en la *Disciplina* MU 2008, ¶ 2702.3.d (755). Las preguntas tradicionales que se hacen a los candidatos para el ministerio ordenado en la IMU aparecen en la *Disciplina* 2008, ¶ 336, preguntas 8-10; en la *Disciplina* de la AME Sión 1994, 79; en la *Disciplina* de la CME 1994, ¶ 420.3 (110). La consecuencia para los ministros ordenados que enseñen doctrinas contrarias a las de la iglesia se exponen en la *Disciplina* MU 2008, ¶ 2702, 1-f. La cita de C. S. Lewis es de *Mero Cristianismo*, 136. La declaración de Juan Wesley de que la ortodoxia es "una parte muy reducida de la religión" sale de su "Un informe claro sobre el pueblo llamado metodista" (1748), I:2.

Recursos adicionales: En la definición de doctrina, cf. Campbell, *Christian Confessions*, 2–5; Jones, *United*

Methodist Doctrine, 17-95. Encontramos algunas perspectivas sobre el asunto de la doctrina en relación con la espiritualidad popular en las comunidades wesleyanas en Campbell, *Wesleyan Beliefs*, 10-14 y *passim*. Más recursos en cuanto a estos temas aparecen en: Oden, *Doctrinal Standards in the Wesleyan Tradition*; Cushman, *John Wesley's Experimental Divinity*; y Abraham, *Waking from Doctrinal Amnesia*. La lección inicial en la serie audiovisual *The Wesleyan Studies Project: Methodist Doctrine*, por Ted A. Campbell y Sharon Grant, ofrece una introducción a la noción de la doctrina cristiana en contextos wesleyanos. El sermón de Juan Wesley Titulado "El espíritu católico" traza su entendimiento de la relación entre las doctrinas, opiniones y formas de adoración (en Campbell, *Wesley Reader*, 137-58). Las citas en español de las obras de Wesley (sermones, diarios, etc.) se pueden encontrar en la serie *Obras de Wesley*, de Justo González.

CAPÍTULO 1

DOCTRINAS SOBRE LA AUTORIDAD RELIGIOSA

Los cristianos con frecuencia sienten la necesidad de clarificar sus bases doctrinales. Sin embargo, diferencias importantes en cuanto a los fundamentos, o la autoridad, de sus enseñanzas se traducen en causa de división entre las iglesias. La Iglesia Ortodoxa y la Iglesia Católica han enseñado desde sus orígenes que las bases de todas sus enseñanzas religiosas son la unidad inquebrantable de la Escritura y las tradiciones eclesiásticas posteriores. La Reforma Protestante cuestionó la pureza de las tradiciones que la iglesia desarrolló posteriormente e insistió en la autoridad de la Biblia sobre todas las tradiciones. Desde el tiempo de la Reforma, el uso de la razón y reflexión en cuanto a la experiencia humana común (además de o más allá del uso de la Escritura y la tradición) han influido profundamente el entendimiento

Autoridad religiosa

cristiano de los fundamentos de sus enseñanzas religiosas. A menudo, esa comprensión distinta de las fuentes de la autoridad sienta las bases para otras diferencias en la enseñanza cristiana.

Suficiencia y primacía de las Escrituras

Artículo 5; Confesión 4 MU

MU "Tarea teológica"

Los veinticinco Artículos de Religión que comparten las iglesias de la AME, AME Sión, CME y MU afirman que la Biblia contiene "todas las cosas necesarias para la salvación" (Artículo 5), es decir, que las Escrituras enseñan todo lo que el ser humano necesita saber para obtener la salvación. El título de este artículo utiliza las palabras "la suficiencia de las Sagradas Escrituras" para ilustrar esta creencia. Implícita en los Artículos y en la Confesión de Fe metodista unida está la creencia de que la Biblia es la fuente y autoridad *primordial* de nuestra fe, es decir, ninguna otra autoridad puede anular la autoridad de Dios que se revela en las Escrituras. Esta enseñanza en cuanto a la primacía de las Escrituras queda clara en la afirmación metodista unida en "Nuestra tarea teológica". La enseñanza metodista de la suficiencia y primacía de la Biblia concuerda con el énfasis de la Reforma Protestante del uso de las Escrituras para reformar la iglesia. Los metodistas históricamente no han definido su entendimiento de la autoridad de la Biblia con los términos de "inerrancia" e "infalibilidad" de la Biblia como lo hacen característicamente las iglesias fundamentalistas, con la excepción de que históricamente hemos insistido que la Biblia no falla en sus enseñanzas del camino de la salvación.

Nuestro énfasis en la suficiencia y primacía de las Escrituras no anula el uso de la tradición cristiana o la reflexión en la amplia experiencia humana (ver más adelante), sino más bien clarifica que toda otra pretensión de autoridad debe ser juzgada en base a la autoridad principal de la Biblia.

Los Artículos de Religión afirman que el Antiguo Testamento se sitúa en continuidad con el Nuevo Testamento, ya que Dios ofrece salvación por medio de Cristo en ambos testamentos (Artículo 6). Subrayando esta enseñanza, junto con la de la suficiencia y primacía de las Escrituras, está la creencia en la *unidad* de la Biblia, es decir, la creencia de que la Biblia narra una sola historia que se centra en la salvación que ofrece Cristo. Susana y Juan Wesley hablaron de "la analogía de la fe" que es el mensaje troncal de toda la Biblia, que nos narra la historia de la salvación.

Unida de la Biblia

Artículo 6; cf. MU Confesión 4

Nuestra enseñanza histórica de la unidad de la Biblia podría dar la impresión de contradecir la erudición bíblica más reciente que acentúa la diversidad de voces y perspectivas en la literatura bíblica. En su mayoría, los eruditos metodistas abrazan esta tendencia del estudio bíblico. Sin embargo, la doctrina metodista insiste en que, subyacente a esta diversidad de voces, en la Biblia se encuentra un mensaje divino, en cuyo centro se halla nuestro Salvador. La declaración metodista unida bajo "Nuestra tarea teológica" (1988) reconoce explícitamente "diversas tradiciones, algunas de las cuales reflejan las tensiones de interpretación dentro de la primitiva herencia judeocristiana". Y continúa declarando que "estas tradiciones se entretejen en la Biblia de modo que expresan la unidad fundamental de la revelación de Dios".

> "Tarea teológica" MU

Tradición

El Dios revelado en la Biblia continúa actuando, aún después de la era de los apóstoles. *Tradición* no significa todo lo sucedido en el pasado, sino *el pasado que valoramos*, o atesoramos. Al afirmar y valorar el pasado, declaramos que la presencia de Dios no se desvaneció después del tiempo del Nuevo Testamento. Afirmamos que Dios se ha mantenido activo durante la historia de la comunidad cristiana. Valoramos del pasado esos momentos en los que percibimos más claramente la presencia de Dios. La doctrina metodista comparte la sospecha de la Reforma que gran parte del pasado cristiano contribuyó a una corrupción del plan divino: los Artículos de Religión 14, 15 y 16 condenan las enseñanzas y prácticas que la Reforma juzgó ser corruptas. De igual manera, la declaración de la AME bajo "Sucesión apostólica y formalismo religioso" rechaza como corrupción tardía la enseñanza de que todos los obispos deben ser de sucesión inquebrantable desde los apóstoles,

> Artículos 14-16; cf. AME "Sucesión apostólica y formalismo religioso"

DOCTRINAS SOBRE LA AUTORIDAD RELIGIOSA

y el "formalismo" que a menudo acompaña a la adoración tradicional.

Sin embargo, los metodistas se regocijan en la presencia de Dios a través de la larga historia de la tradición cristiana que nos precede: al declarar los antiguos credos como el Credo Apostólico y el Credo Niceno, nos unimos al unísono con las voces de los cristianos que nos precedieron. Nuestra adoración lleva las señales de la liturgia cristiana primitiva y medieval. Los himnarios metodistas incluyen ahora una gran variedad de voces del cristianismo del pasado, así como textos y melodías de las tradiciones católicas y ortodoxas además de una gran variedad procedente de la tradición protestante. En la Conferencia General del 1970, la Iglesia Metodista Unida adoptó una resolución que clarifica que las declaraciones anticatólicas de nuestros Artículos no están dirigidas al catolicismo contemporáneo ni a la totalidad de la herencia católica de la fe sino contra las corrupciones medievales de la tradición cristiana, algunas de las cuales fueron malinterpretadas por los reformadores. La declaración metodista unida bajo "Nuestra tarea teológica" afirma el uso crítico de las tradiciones cristianas como fuente y criterio de las enseñanzas cristianas.

La misma declaración metodista unida bajo "Nuestra tarea teológica" afirma el uso de la razón y de la experiencia como fuentes y criterio de la

Razón y experiencia

enseñanza cristiana. La *razón* se refiere a las muchas maneras en las que los seres humanos reflexionan en cuanto al mundo, como individuos y como comunidad. Juan Wesley creía que la razón guiada por la gracia a disposición de todas las personas podía discernir la existencia de Dios y la necesidad de responsabilidad moral; podría incluso iluminar el significado de la Biblia. Wesley valoraba la *experiencia*, especialmente, el contacto del ser humano con Dios, y creía que nuestra experiencia de lo divino también iluminaba nuestra propia búsqueda espiritual y (en combinación con la razón) podría clarificar el significado de la Biblia. Wesley también creía que nuestra experiencia del universo material podría enseñarnos mucho, incluso en lo referente a los asuntos espirituales. Sin embargo, insistía en que en cada caso la razón y la experiencia no pueden figurar aisladas sino que deben ser guiadas por las Escrituras. La razón y la experiencia pueden llevarnos especialmente a examinar las enseñanzas bíblicas y la tradición a la luz de nuestro tiempo, cultura y situaciones contemporáneas.

Al afirmar el uso de la tradición, la experiencia y la razón junto con las Escrituras, la declaración metodista unida de 1972 bajo "Nuestra tarea teológica" ofrece un argumento lúcido y revelador de las pautas doctrinales de la Iglesia Metodista Unida. A pesar de que esta declaración no atribuye estos cuatro criterios como sistema a Juan Wesley, se les llegó a conocer de inmediato como el "Cuadrilátero wesleyano". Quedó claro desde entonces que aunque Juan Wesley utilizó las Escrituras, la experiencia, la razón y el pasado cristiano (no le gustaba utilizar el término "tradición"), no abogó por el uso de este cuádruple criterio como método de reflexión. En la revisión de 1988 de "Nuestra tarea teológica" se tuvo que clarificar que las Escrituras tienen autoridad primaria sobre la tradición, experiencia y razón. Sin embargo, el "Cuadrilátero wesleyano" demuestra ser de utilidad para aclarar a los metodistas (particularmente a los metodistas unidos) la base de sus enseñanzas, y se ha demostrado su utilidad como un método de reflexión ética y práctica con respecto a asuntos contemporáneos que no se tratan directamente en las Escrituras.

"Tarea teológica" MU

Subyacente a las Escrituras, la tradición, la experiencia y la razón se encuentra la creencia de que Dios debe guiar nuestras vidas, como comunidad y como individuos. Deberemos preguntarnos, sin embargo, si realmente valoramos la autoridad de Dios. Una cosa es especular en cuanto al significado de un pasaje bíblico; y otra diferente, el preguntarnos, "¿Esperamos (espero) que la Biblia cambie nuestras vidas?" Si no anticipamos que la revelación —en las Escrituras, en la tradición cristiana, o en la reflexión de nuestra experiencia—

Autoridad de Dios y la vida cristiana

de Dios nos cambie, no poseemos realmente la autoridad de las Escrituras o de Dios que se revela de diferentes maneras. Poseer la autoridad divina es querer que Dios nos desafíe, nos anime, nos guíe y nos capacite cuando discernimos el mensaje de Dios para el día de hoy.

Referencias: La cita de la declaración metodista unida bajo "Nuestra tarea teológica" sobre la unidad de la Biblia proviene de la sección bajo "Escritura" (*Disciplina* 2008, ¶ 104, p. 83). En cuanto al "Cuadrilátero wesleyano", ver Steven Gunter, Scott J. Jones, Ted A. Campbell, Rebekah Miles, y Randy Maddox, *Wesley and the Quadrilateral: Renewing the Conversation* (Nashville: Abingdon Press, 1997). William J. Abraham evalúa de forma crítica el cuadrilátero en *Waking from Doctrinal Amnesia* (Nashville: Abingdon Press, 1995), 56–65.

Recursos adicionales: Ted A. Campbell nos ofrece más material general comparativo sobre la autoridad religiosa en *Christian Confessions* (Louisville: Westminster John Knox, 1996), 33–38 (Iglesia Ortodoxa), 76–83 (Iglesia Católica), 133–44 (Iglesias Reformada y Unida), y 205–17 (Iglesias Evangélica y Libre). Para material más detallado sobre los puntos de vista de Wesley en cuanto a la autoridad religiosa, ver Ted A. Campbell, *Wesleyan Beliefs* (Nashville: Kingswood Books, 2010), 40–42, 96–98, 211–19; Scott J. Jones, *United*

Methodist Doctrine (Nashville: Abingdon Press, 2002), 127–43. En la ponencias ofrecidas por Néstor O. Míguez y Tom Albin en la lección 2 de la series audiovisual *The Wesley Studies Project: Methodist Doctrine* se analizan las enseñanzas sobre la autoridad religiosa en el contexto de la tradición wesleyana.

CAPÍTULO 2

DOCTRINAS SOBRE DIOS, CRISTO Y EL ESPÍRITU SANTO

El cristianismo histórico se distingue de otras tradiciones religiosas en que adora a Jesucristo como Dios. El Concilio Mundial de Iglesias expresa esta identidad crucial cuando en su "base" afirma que el CMI es "un grupo de iglesias que confiesa que Jesucristo es Dios y Salvador". Durante los primeros cien años de vida, la comunidad cristiana tuvo que clarificar este tema esencial de identidad, y los credos históricos de la iglesia, predominantemente el Credo Niceno, iluminó el consenso de la iglesia en este tema tan crítico. La doctrina de la Trinidad fue la forma en la que la iglesia determinó esta adoración distintiva de Dios el Padre, Jesucristo y el Espíritu Santo.

Las congregaciones metodistas cantan con regularidad "Gloria damos al Padre, al Hijo y al Santo Espíritu; como era en el principio, es hoy y habrá de ser eternamente. Amén". La doctrina de la Trinidad

Enseñanzas sobre Dios, Cristo y el Espíritu Santo

Doctrina de la Trinidad

surgió de la cuestión de si era apropiado adorar a Cristo como Dios. Los maestros arrianos del siglo IV d. C. afirmaban que Cristo era en cierto sentido divino pero que era una "criatura" (un ser creado) al que no se debía otorgar la misma adoración que al no creado Padre. Como respuesta a los arrianos los concilios de obispos cristianos en los años 325 y 381 d. C. formularon el credo que se ha llamado históricamente el Credo Niceno. Este credo clarifica que Cristo es "engendrado, no hecho; consustancial con el Padre" y que el Espíritu Santo "debe ser adorado y juntamente glorificado" con el Padre y el Hijo. Aunque los concilios no utilizaron la palabra "Trinidad", definieron la enseñanza trinitaria de que el Padre, Hijo y Espíritu Santo son junta e igualmente el sujeto de la adoración de la iglesia. El primer Artículo de Religión metodista y el primer artículo de la Confesión de Fe MU confirman la enseñanza de la Trinidad. Hacen uso del mismo lenguaje de los concilios primitivos, y nuestras iglesias incluyen, desde mediados de la década de 1900, el Credo Niceno en los himnarios metodistas.

La doctrina de la Trinidad realmente no aspira a decir quién es Dios, ya que el misterio de Dios sobrepasa nuestro lenguaje y habilidad de expresión. La doctrina de la Trinidad estableció unos límites prácticos en la enseñanza de Dios. Por un lado, esta doctrina mantiene que es imposible enfatizar en extremo la unidad de Dios y negar la relación personal entre el Padre, el Hijo y el Espíritu Santo. Por otro lado,

Credo Niceno

Artículo 1;
Confesión
MU 1

DOCTRINAS SOBRE DIOS, CRISTO Y EL ESPÍRITU SANTO

esta doctrina también mantiene que no es posible enfatizar demasiado la relación entre las tres Personas de la divinidad y negar la creencia que Dios es uno.

Al utilizar los términos, al referirse a Dios, "el Padre" y "el Hijo", los concilios primitivos no tenían la intención de establecer que las referencias a Dios deberían hacerse con un vocabulario exclusivamente masculino (ésta no era la cuestión a la que se enfrentaban). De hecho, nuestro primer Artículo de Religión establece que Dios es "sin cuerpo ni partes" y por esta razón el lenguaje que describe a Dios con un género específico causa serios problemas. Algunos metodistas han experimentado con expresiones alternativas en la adoración de las tres Personas divinas, sin embargo nuestras iglesias no han alcanzado todavía un consenso en cuanto a qué expresiones lingüísticas podrían expresar con fidelidad nuestra adoración del "Dios trino" (expresión que favorecía Juan Wesley).

La doctrina de la Trinidad dejaba claro que Cristo era "consubstancial" con el Padre, que Cristo era totalmente divino. También era importante resaltar en las comunidades cristianas primitivas que Cristo se hizo completamente humano y que, en Cristo, lo divino y lo humano estaban perfectamente unidos. En palabras de un antiguo obispo africano "Cristo se hizo hombre para que el hombre se hiciera Dios". En el siglo V d. C., un concilio de obispos expresó consenso declarando que en Cristo se encuentra la unión

Cristo divino y humano

Atanasio, *De la encarnación del Verbo*

Concilio de Calcedonia (451 d. C.)

Artículo 2;
Confesión
MU 2

Alteración metodista del Credo Apostólico

Credo Apostólico
1 Pedro 3:19

1989 Himnario MU, no. 882

de toda la "naturaleza" divina y toda la "naturaleza" humana. En nuestros Artículos de Religión metodista y en la Confesión de Fe MU se afirma esta misma enseñanza sobre las "dos naturalezas" (divina y humana) que convergen en "la persona" de Cristo.

Una expresión histórica de la enseñanza de que Cristo era verdaderamente humano se encuentra en la declaración en el Credo Apostólico de que Cristo "descendió al infierno". Esto significaba que Cristo experimentó la muerte de la misma forma que cualquier otro ser humano la experimenta. La primera carta de Pedro declara que en su muerte Cristo "fue y predicó a los espíritus encarcelados", aparentemente una referencia a la creencia de la iglesia primitiva de que Cristo proclamó las Buenas Nuevas a esas personas que habían muerto antes de la llegada del Salvador. Juan Wesley omitió en los Artículos de Religión metodistas el Artículo Anglicano que declaraba que Cristo descendió al infierno, aunque este hecho probablemente no indicaba su rechazo. Cuando los metodistas comenzaron a incluir en sus himnarios en el siglo XIX el Credo Apostólico, muchas personas no entendieron el significado de estas palabras. Pensaban que declarar que Cristo "descendió al infierno" significaba que Cristo fue a un lugar de juicio ("infierno", en el sentido de un lugar de castigo eterno, ver el capítulo 6), y por esto removieron estas palabras del credo. Entender esta expresión mejor ha llevado a algunas iglesias metodistas a incluir la versión "ecuménica" del Credo Apostólico además de la variación con la cual los metodistas se han acostumbrado a formular este credo.

Los primeros cristianos hicieron importantes contribuciones al definir las enseñanzas centrales de Cristo. Sin embargo, aportaron considerablemente poco en cuanto a la naturaleza y papel del Espíritu Santo, aunque para el año 381 d. C. el Credo Niceno había sido revisado para clarificar que el Espíritu Santo debía recibir igual reverencia junto con el Padre y el Hijo. Nuestro cuarto Artículo de Religión y la Confesión de Fe MU afirman esta enseñanza. Estas declaraciones, sin embargo, señalan también que el Espíritu "procede del Padre y del Hijo". La expresión "*y del Hijo*" había sido añadida al Credo Niceno en la iglesia occidental en la Edad Media, y esta adición de palabras en el credo fue uno de los problemas que dividieron a los cristianos occidentales y orientales desde entonces. Los cristianos orientales no creen que los obispos de Roma que autorizaron este cambio tenían la autoridad para alterar el credo. Muchos grupos protestantes, en respuesta a la preocupación ecuménica sobre la alteración del credo, han decidido omitir estas palabras, y las iglesias metodistas deberán afrontar este tema en el futuro.

El pietismo metodista, expresado en la Confesión de Fe MU, menciona consistentemente a la obra del Espíritu Santo de verter la gracia divina sobre nosotros, los seres humanos, y de guiarnos por

El Espíritu Santo

Credo Niceno

Artículo 4; Confesión MU 3

Confesión MU 3; Himnario MU 1989, nos. 337-536

el "camino de la salvación". Por esta razón, el *United Methodist Hymnal* de 1989 coloca toda la sección de vida cristiana bajo el encabezado del Espíritu Santo. Este énfasis en la actividad presente del Espíritu Santo no solamente caracteriza el pietismo metodista histórico sino también fluye del metodismo a los movimientos de Santidad y Pentecostales.

Sin embargo, aunque el pietismo metodista habla del Espíritu como aquella persona que nos guía por el camino de la vida cristiana, deberemos clarificar que la salvación es la obra de todas las personas de la Trinidad. El misterio de Dios es tal que no podemos dividir las obras de Dios. Así que aunque podemos hablar de la Primera Persona como el "Creador", podemos reconocer que "todas las cosas por medio de él (Cristo) fueron hechas" (Juan 1:3), y en nuestros cultos de ordenación oramos "Ven, Espíritu Creador". Igualmente, en la obra de la salvación cada una de las tres Personas actúan juntas a nuestro favor (Romanos 8:12-17). Las Personas de la divinidad no pueden reducirse a funciones determinadas.

Énfasis metodista histórico en la enseñanza de Dios

Énfasis en el carácter personal de Dios

Lo que la doctrina metodista enseña sobre la adoración de la Trinidad, la naturaleza de Cristo y el Espíritu Santo está en consonancia con la fe de la comunidad cristiana histórica. Cuando mencionábamos más arriba la manera en la que los metodistas citan al Espíritu Santo como la Persona que nos guía en el camino de la salvación, hemos identificado una de los énfasis históricos y particulares de los

DOCTRINAS SOBRE DIOS, CRISTO Y EL ESPÍRITU SANTO 51

metodistas en su enseñanza de Dios. Los metodistas históricamente señalaron la naturaleza intensa y *personal* de Dios. Podemos destacar este aspecto en los himnos de Carlos Wesley, por ejemplo, "Jesús, amante de mi alma" (*Jesus, Lover of My Soul*). Puede verse también en los himnos del Evangelio preferidos por los metodistas a finales del siglo XIX, por ejemplo, el himno de Frances Jane Crosby "¡Oh, qué amigo nos es Cristo!". Aunque no debe considerarse contradictorio, este énfasis en la naturaleza personal y relacional de Dios complementa en ocasiones el énfasis en el poder objetivo de Dios que señalan otras tradiciones cristianas.

Otro énfasis histórico metodista se ha puesto en el *amor* y compasión que Dios muestra a la humanidad. Decimos junto con Carlos Wesley "¡Inmenso amor! ¿Cómo entender que así muriera Dios por mí?" Y con Frances Jane Crosby cantamos la compasión de Dios "Escucha la voz que te ruega, ¡Regresa a Dios! Él está lleno de compasión y de inmenso amor". Nuestro énfasis en el amor de Dios no contradice nuestra creencia en el poder de Dios, aunque la devoción metodista a menudo acentúe este amor divino.

Cuando nos reunimos para adorar, declaramos como comunidad lo que es de suma importancia. Nos reunimos el primer día de la semana para afirmar, juntos con otros cristianos, que el Dios al que conocemos como la divina Trinidad es la realidad final. Debemos vivir el resto de la semana de acuerdo

Himnarios:
AME (1984),
nos. 253-254;
CME (1987),
no. 112; MU
(1989), no. 479

Himnarios:
AME (1984),
nos. 323 y
325; CME
(1987), no.
340; UM
(1989), no.
526; Mil
Voces, no. 257.

Énfasis en el amor de Dios por la humanidad

Himnarios:
AME (1984),
no. 279; CME
(1987), no. 169

Himnarios:
AME (1984),
no. 459; UM
(1989), no. 363

DOCTRINA METODISTA: LOS FUNDAMENTOS

Adoración y la vida de fe

Lutero
Catecismo Mayor

con esta declaración. Lutero comentó acerca del Primer Mandamiento, "y donde está tu corazón allí está también tu Dios". Nos enfrentamos a la tentación constante de aferrarnos a otras cosas en vez de a Dios, a hacer de otras cosas, como Lutero sugiere, nuestros dioses. Nuestra doctrina de Dios fluye de nuestra adoración, donde nombramos al sujeto verdadero de nuestra adoración: "Gloria demos al Padre, al Hijo y al Santo Espíritu".

Referencias. El propósito de la constitución del Concilio Mundial de Iglesias aparece en Henry Bettenson, ed., *Documents of the Christian Church* (2ª ed., London, Oxford, y New York: Oxford University Press, 1963), 333. El comentario de Lutero sobre el Primer Mandamiento proviene del Catecismo Mayor (*Larger Catechism*), en Theodore G. Tappert, tr. y ed., *The Book of Concord: The Confessions of the Evangelical Lutheran Church* (Philadelphia: Fortress, 1959), 365.

Recursos adicionales: Material comparativo general en cuanto a las doctrinas de Dios, Cristo, el Espíritu Santo y la divina Trinidad, cf. Ted A. Campbell, *Christian Confessions* (Louisville: Westminster John Knox, 1996), 38–47 (Iglesia Ortodoxa), 83–89 (Catolicismo), 145–50 (Iglesias Reformadas y Unión), y 218–24 (Iglesias Evangélicas y Libres). Para encontrar un análisis más detallado de las enseñanzas sobre Dios, Cristo y el Espíritu Santo en la doctrina wesleyana y cultura popular religiosa, ver Ted A. Campbell, *Wesleyan Beliefs* (Nashville:

Kingswood Books, 2010), 36–40, 91–96, 119–46, 207–11; Scott J. Jones, *United Methodist Doctrine* (Nashville: Abingdon Press, 2002), 99–125. Una ponencia del Bishop Scott J. Jones en la lección 3 de la serie audiovisual de *The Wesley Studies Project: Methodist Doctrine* analiza las enseñanzas en cuanto a la teología trinitaria y cristología en el contexto de la tradición wesleyana. El himno de Navidad de Carlos Wesley "Oíd un son en alta esfera" y su himno de Semana Santa "El Señor resucitó" expresan la profundidad con la que entendía la persona y la obra de Jesucristo y se pueden leer en su forma original en Ted A. Campbell, *A Wesley Reader* (Dallas: Tuckapaw, 2008), 49–53. Juan Wesley nos ofrece su propia declaración de fe en la Santa Trinidad en su "Carta a un católico romano" (1748), párrafos 6-8 (en *A Wesley Reader,* págs. 161–63; y en *Obras de Wesley,* VIII, págs. 169-79).

CAPÍTULO 3
DOCTRINAS FUNDAMENTALES SOBRE LA NATURALEZA HUMANA Y LA SALVACIÓN

Enseñanzas en cuanto a la condición humana y la salvación

Las enseñanzas históricas cristianas sobre la naturaleza humana y la salvación procuran describir la condición pecaminosa, caída, de la humanidad y la intención divina de sanar o restaurar esa condición. Estos temas se encuentran a la cabeza de la Reforma Protestante, y muchas de la enseñanzas metodistas en cuanto a la naturaleza humana y la salvación vienen heredadas de la Reforma. Sin embargo, Juan Wesley hizo una contribución distintiva en el entendimiento de la salvación, su intención de comprender de una manera metódica lo que él designó como el "camino de la salvación", esto es, la manera en la que el propósito divino de la salvación se hace realidad en la vida del ser humano. Este capítulo se centrará en los temas fundamentales, más generales, de la naturaleza humana y la salvación heredados de la Reforma. El próximo capítulo examinará

DOCTRINA METODISTAS: LOS FUNDAMENTOS

Necesidad universal de la gracia

Artículos 7-8;
cf. MU
Confesión 7;
Catecismo
de la AME
15, 51-53

Justificación original y pecado original

Artículo 7;
cf. Artículo Anglicano 9

de manera más concreta las enseñanzas wesleyanas del "camino de la salvación".

La doctrina histórica metodista afirma la insistencia ferviente de la Reforma de que cada ser humano tiene necesidad de la gracia divina: no se opta a la salvación por cuenta propia. El Artículo de Religión (7) establece que todo ser humano está sujeto al "pecado original", y el Artículo (8) niega que los seres humanos tengan libre albedrío por cuenta propia, aparte de la ayuda, o asistencia, de la gracia. Estos artículos juntos clarifican la creencia de que nuestra salvación es resultado de la gracia de Dios, y no es producto de nuestra propia obra ni esfuerzo.

La presuposición de estas enseñanzas es que los seres humanos fueron creados a la imagen de Dios quien les dotó al principio con justicia y santidad perfectas según esa intención de Dios. Por tanto, el Artículo de Religión (7) afirma que el pecado original marca la caída de esa justicia original, a la cual Juan Wesley llama "*perfección original*". Al utilizar el lenguaje occidental tradicional de *pecado original*, el artículo metodista (7) afirma solamente que el pecado original denota "la corrupción de la naturaleza de" cada persona. Es decir, vivimos en un mundo "infectado" por el pecado, y esa infección nos afecta a todos. Sin embargo, el artículo metodista (editado por Wesley en 1784) omite un frase importante del artículo anglicano que declaraba que "en cada persona nacida en este mundo, [el pecado original] merece la ira y la condenación de Dios".† Aunque las omisiones de Wesley no indican necesariamente su desacuerdo, sabemos que dudaba si Dios condenaría a toda persona solamente en base al pecado original.† Wesley entendía que la corrupción de nuestra naturaleza por el pecado original, sin el auxilio de la gracia, llevaba inevitablemente al "pecado actual" del que participan todos los seres humanos, pecado del que estamos verdaderamente responsabilizados y por el cual estamos sujetos al juicio de Dios. Sin embargo, aunque dudaba de si el pecado original en sí era merecedor de condenación por parte de Dios, sí creía en la necesidad universal de la gracia, pues creía que todo ser humano cae en el pecado actual.

Aunque la instrucción del metodismo histórico insiste en la necesidad universal de la gracia, la enseñanza metodista parece negar esto al declarar que los seres humanos tienen "libre albedrío" o la capacidad de obedecer los mandamientos de Dios sin ayuda, o por la predicación. Dando la impresión de que los seres humanos por sí mismos tienen la capacidad de resistir el mal y hacer el bien.† Los metodistas han sido siempre optimistas en cuanto a lo que la gracia puede proporcionar y, en efecto, han proclamado que toda persona posee, de alguna forma, libre albedrío (ver los siguientes párrafos). Sin embargo, la enseñanza del metodismo histórico insistió en el optimismo de la gracia divina (no siendo un empeño humano) y declaró que los seres humanos tienen

Tentación metodista de creer en la habilidad natural humana

58 DOCTRINA METODISTAS: LOS FUNDAMENTOS

libre albedrío como resultado de esa gracia, aunque no como habilidad "natural".

Disponibilidad universal de la gracia

Es en este momento —tras afirmar la necesidad universal de la gracia— que podemos decir lo que a los metodistas les encanta afirmar de la naturaleza humana y de la salvación, que la gracia de Dios está *disponible universalmente*, es decir, a disposición de cada ser humano. Wesley y los metodistas después de él rechazaron la doctrina de la "expiación limitada", la creencia de que solamente ciertas personas habían sido elegidas o escogidas por Dios para ser salvas y el resto serían condenadas. La enseñanza de la expiación limitada se asociaba normalmente con la creencia en la "predestinación", la predestinación divina de los que habían de ser salvos y de los que no. Juan Wesley insistió en que Cristo es "la luz verdadera que alumbra" a toda la humanidad (Juan 1:9), y así Carlos Wesley invitaba a todo ser humano a la fiesta del Evangelio: "Nadie se quedará atrás, pues Dios ha pagado el precio por toda la humanidad". Los wesleyanos rechazan la doctrina de la predestinación, y sus variantes, que implica que Dios no desea la salvación de todo ser humano.

Himnos: AME (1984), no. 234; IM (1989), no. 339 (alterado)

La tradición "arminiana"

Esta enseñanza puso a Wesley en contraste con Lutero, Calvino y Agustín —de hecho, con gran parte de la tradición teológica occidental— la tradición "agustiniana" que acentuaba la elección, selección o predestinación de Dios de quién debería ser salvo.

DOCTRINAS FUNDAMENTALES

Colocó a Wesley y a los metodistas en una rama diferente de la tradición cristiana al lado de las tradiciones cristianas orientales más generales, de los jesuitas (entre los católicos), y protestante como Jacobo Arminio, que insistían en la disponibilidad universal de la gracia. Por su conexión con el profesor neerlandés Arminio, se describe nuestra enseñanza de la disponibilidad universal de la gracia como *arminiana*.

Una de las implicaciones de la doctrina metodista "arminiana" es la creencia relacionada de que todos los seres humanos disponen de *libre albedrío* y que pueden seguir o rechazar a Cristo como resultado de la gracia. Nótese que decimos "como resultado de la gracia": nuestro octavo Artículo de Religión explícitamente niega que los seres humanos tengan libre albedrío "natural" (en este caso "natural" significa "propio" o "fuera de la gracia"). Lo que esto conlleva es que vemos a Dios obrando en cada ser humano, sin importar si son cristianos, seguidores de otras tradiciones religiosas, ateos. Los metodistas confían que el "libre albedrío" que ejercitan los seres humanos, y cualquier bien que éstos puedan hacer, son evidencia de la gracia de Dios que opera en ellos. Más aún, quiere decir que la iniciativa de Dios en la salvación permite, capacita y requiere una respuesta humana libre a la "Sublime gracia de Dios".

El reconocimiento de esta necesidad universal de la gracia y la disponibilidad universal de ésta proporcionan la esencia básica de nuestra vida como

Libre albedrío

Artículo 8;
MU
Confesión 7

La gracia y el peregrinaje cristiano

Himnos:
AME (1984),
no. 364; CME
(1987), no.
223; MU
(1989), no. 368

cristianos. En el siguiente capítulo exploraremos la forma marcadamente wesleyana que el peregrinaje cristiano puede tomar. Aquí, sin embargo, pausamos para notar que el peregrinaje cristiano, de principio a fin, se ciñe con la gracia divina. Nuestra esperanza de sanidad y salvación se fundamenta no en nuestros propios esfuerzos sino en la obra de Dios. Incluso nuestra esperanza de santificación del mundo entero —de un mundo en el que la paz de Dios, la justicia divina y el amor de Dios prevalezcan— "se erige en nada menos que en la sangre y justicia de Jesús" (Edward Mote).

Referencias: El texto del Artículo anglicano noveno (en respuesta al Artículo metodista séptimo) se nombra en Leith, *Creeds of the Churches*, 269-70. La duda de Wesley de si las personas pueden ser condenadas en base solamente al pecado original la expresa en una carta a John Mason, 21 de noviembre de 1776 (en Telford, *Letters of the Reverend John Wesley*, 6:239-40; y en *Obras de Wesley* tomo XIV, ps. 137-138). La tendencia de la teología metodista de insistir en la capacidad natural humana y libre albedrío la documenta Chiles en *Theological Transition in American Methodism*. Ver especialmente el capítulo 5, "From Free Grace to Free Will", 144-83.

Recursos adicionales: Para ver más material general en cuanto a las doctrinas de la naturaleza humana y la salvación, cf. Campbell, *Christian Confessions*, 47–53 (Iglesia Ortodoxa), 90–96 (Iglesia Católica), 150–62 (Iglesias Reformada y Unión), y 224–35

DOCTRINAS FUNDAMENTALES

(iglesias Evangélica y Libre). Para un análisis más detallado de las doctrinas fundamentales de la naturaleza humana y la salvación en las comunidades wesleyanas ver Campbell, *Wesleyan Beliefs*, 44–46, 98–100, 219–26; Jones, *United Methodist Doctrine*, 145–93. Ponencias de Dr. J. C. Park, Dr. Scott Kisker, y Dr. Elaine Robinson en las lecciones 4 y 5 de la serie audiovisual *The Wesleyan Studies Project* en las que se tratan las enseñanzas fundamentales de la naturaleza humana y la salvación en el contexto de la tradición wesleyana. La perspectiva wesleyana de la disponibilidad universal de la gracia preveniente se expresa en el poema de Carlos Wesley "The Great Supper" (La gran cena) (que comienza con "Venid pecadores a la fiesta del evangelio"; en Campbell, *Wesley Reader*, 133–36).

CAPÍTULO 4

DOCTRINAS DISTINTIVAMENTE WESLEYANAS DEL "CAMINO DE LA SALVACIÓN"

Además de las enseñanzas fundamentales de la necesidad humana universal de gracia y de la disponibilidad universal de la gracia, a Juan Wesley y los primeros metodistas les fascinaba el proceso en el que mujeres y hombres vivían la realidad de esa vida de gracia. Juan Wesley a veces se refería a este proceso con el nombre del "camino de la salvación", como en el título de uno de sus sermones, "El camino de la salvación según las Escrituras". Wesley se consideraba a sí mismo como un observador científico de la vida religiosa, inquiriendo constantemente en la experiencia religiosa de las personas, tomando notas y llegando a conclusiones basadas en su propia experiencia y en la de otras personas. Las enseñanzas del "camino de la salvación" expresan más que nada la espiritualidad distintiva del movimiento wesleyano. Por esta razón, este capítulo se nutrirá de fuentes wesleyanas (que incluyen los *Sermones* de Juan Wesley).

Enseñanzas sobre el "camino de la salvación"

El modelo de la enseñanza metodista del "camino de la salvación" ha persistido de forma constante en los himnarios metodistas. El primer himnario metodista, *Collection of Hymns for the Use of the People Called Methodist* (1780) de Juan y Carlos Wesley se organizaba, como Juan Wesley anotó, para plasmar la experiencia de los creyentes. Los himnarios metodistas subsecuentes característicamente disponían de una sección extensa, titulada "La vida cristiana", en la que los himnos se organizaban de acuerdo al "camino de la salvación", desde el arrepentimiento a la fe y de la justificación a la santificación. Este capítulo, por tanto, examina el bagaje espiritual característico wesleyano a cerca del "camino de la salvación".

Organización del "camino de la salvación"

Juan Wesley en ocasiones organizaba su entendimiento del "camino de la salvación" bajo tres encabezados, "la gracia previniente (o anticipante)" (la gracia divina que viene antes de creer en Cristo), "la gracia justificadora" (la gracia de Dios que nos permite creer en Cristo) y "la gracia santificadora" (la gracia divina que nos lleva a la santidad).† *The United Methodist Hymnal* del 1989 utiliza un esquema similar de gracia previniente, justificadora y santificadora. El texto que sigue utiliza este esquema, aunque Wesley desarrollaría descripciones más elaboradas del "camino de la salvación" y muchos himnarios metodistas disponen de esquemas organizados más elaborados que describen el proceso de la vida cristiana.

Gracia previniente

DOCTRINAS DISTINTIVAMENTE WESLEYANAS

El Artículo de Religión (8) y los escritos de Juan Wesley mencionan la gracia preveniente de Dios. En la época de Juan Wesley, y antes, el término "preveniente" simplemente significaba que "viene antes, precede" (del latín, *preveniens*). Pero por el hecho de que el significado de este término ha cambiado considerablemente, tendemos a hablar hoy de la gracia "preveniente" de Dios, como aparece en los encabezados del *United Methodist Hymnal* de 1989. En cualquier caso el significado es el mismo: gracia "preveniente" o "anticipante" significa la gracia de Dios que "precede" nuestro creer en Cristo. Podríamos hablar de una manera más clara si la llamáramos gracia "preparatoria" o "asistente", este último es el término que utiliza la *Disciplina* de la AME en los Artículos de Religión. Junto con la creencia arminiana en la disponibilidad universal de la gracia, los metodistas mantienen que la gracia preveniente es la gracia dada por Dios a todo ser humano (ver el capítulo 3). Por tanto, cuando cualquier ser humano (sea cristiano o no) hace el bien, nos regocijamos en la presencia de la gracia divina.

La gracia preveniente es el encabezado apropiado bajo el cual los metodistas describen todas las formas en las que Dios obra en los seres humanos *antes* de que crean en Cristo (una vez más, "preveniente" hace referencia a la gracia que *precede* la fe en Cristo). La gracia preveniente nos conduce al *arrepentimiento*, pesadumbre por nuestro pecado y al darnos

Artículo 8

Arrepentimiento y el "despertar"

cuenta de que no podemos salvarnos por nuestro propio esfuerzo. Para muchos metodistas a través de la historia, ésta fue la vívida experiencia religiosa que denominaron "convicción" o *el despertar*: la experiencia por la que las personas se dan cuenta de su condición de peligro inminente frente a Dios ante la realidad de su propio pecado. Para algunos metodistas, este despertar vino acompañado de expresiones emocionales intensas: llanto con pánico, "lamentos" y "gemidos". En las reuniones de los campamentos metodistas, se disponía delante del altar de un "banco de los lamentos" (*mourner's bench*) que representaba el lugar donde se producía el arrepentimiento como profesión de la fe. Para algunos metodistas, la experiencia de la gracia preveniente era una experiencia menos vívida y surgía más del sentimiento creciente de la necesidad de Dios. Sin embargo, es importante notar que estas experiencias, aunque podían resultar impresionantes, se percibían como una señal de la obra de Dios en un individuo. Los metodistas no sentían que debían apresurar la conversión de una persona —ésta es responsabilidad de Dios.

Gracia justificadora

Artículo 9; Confesión 9 MU; Catecismo AME, 1-7, 70-72

La gracia preveniente nos lleva a la *gracia justificadora*, la gracia de Dios por la cual, a través de la fe en Cristo, nuestros pecados son perdonados. Junto con los reformadores protestantes, Wesley y los metodistas insistieron que nuestra justificación es por gracia por medio de la fe (Efesios 2:8-10). El perdón de los pecados no depende de nuestra bondad ni

DOCTRINAS DISTINTIVAMENTE WESLEYANAS

méritos, ni de nuestras buenas obras. Sin embargo, Wesley y los metodistas insistían en que la fe no consiste simplemente en el conocimiento de doctrinas: Wesley en su sermón "La salvación por la fe" resalta que incluso el diablo sabe que Jesús es el Cristo. La fe por la que somos justificados conlleva no solamente conocimiento de Cristo sino también una confianza sincera en Cristo.

La experiencia común de los primeros metodistas incluía además de creer en Cristo en el sentido supernatural también creer que nuestros pecados han sido perdonados por Cristo. Juan Wesley y los metodistas llamaban a este aspecto de su experiencia religiosa "la seguridad del perdón". Para ellos, la seguridad del perdón resultaba a menudo en un sentimiento de paz divina que seguía ese tumultuoso "despertar" y arrepentimiento. La propia experiencia de Juan Wesley en Aldersgate (el 24 de mayo de 1738) resultó en esa "seguridad" que Dios le otorgó.

Justo después de esta vívida experiencia religiosa, Juan Wesley insistió que sin la seguridad de perdón, no hay verdadera fe justificadora. Sin embargo, en su estudio continuo de la experiencia religiosa de las personas le llevó a reconocer que la experiencia de seguridad no siempre acompaña a la justificación. Además con esto, mantenía que la seguridad era el "privilegio común" de los creyentes. Algunos de los himnos más directos de Carlos Wesley describen el rapto del alma que ha recibido la seguridad de su perdón:

Wesley, "La salvación por la fe" I:2 y 4

La seguridad del perdón

Catecismo AME, 8, 31-39; cf. Diarios de J. Wesley entrada 24 de mayo 1738

Obras de Wesley
(1998)
Tomo IX,
Himnos,
págs. 246-247
Himnario MU
(1989), 342

¿Cómo tu bondad, oh Padre, proclamar
sería posible, mi alma renacer podría?
¡Que yo, siendo criatura de la ira y del infierno,
pueda ser llamado hijo de Creador y Dios eterno!
¡Y saber, sentir muy hondo, mis pecados perdonados;
recibir las bendiciones de tu reino anticipado!

Obras de Wesley
(1998)
Tomo IX,
Himnos,
pág. 248
Himnario MU
(1989), 386

Amor, tu nombre es sólo Amor:
Calladamente percibí tu voz diciendo al corazón
Las sombras huyen, brilla el sol:
tu nombre, oh Dios, es santo Amor.

Deberíamos quizás situar la experiencia de la seguridad junto con las experiencias previas del despertar y del arrepentimiento: en una cultura que podía consternarse emocionalmente ante la realidad de su propio pecado, la seguridad surgía como un sentimiento correspondiente de alivio de ese terror por el pecado y juicio. Para las personas que se han formado en circunstancias culturales diferentes, la experiencia de la justificación puede tomar diferentes caminos. Por ejemplo, la "seguridad" puede aparecer como el sentimiento de "dirección" en nuestra vida que sigue la típica falta de dirección que encontramos en nuestra vida contemporánea. En este sentido será importante darse cuenta de que algunas de las perspectivas específicas de cómo se producen la justificación y la seguridad están culturalmente condicionadas. El uso de una "oración de arrepentimiento" o un "llamamiento desde el altar" al concluir un servicio evangelístico (por mencionar dos ejemplos comunes), se

DOCTRINAS DISTINTIVAMENTE WESLEYANAS

desarrollaron al principio de los años 80 en los avivamientos norteamericanos y no deben considerarse como normativos para los cristianos de otras épocas y lugares. Los cristianos han experimentado la fe y la seguridad de perdón de formas muy variadas.

El cristiano creyente no solamente muere al pecado con la justificación, sino también es "nacido de nuevo" dentro de una nueva vida en Cristo. Este *nuevo nacimiento*, o *regeneración*, marca el comienzo de la búsqueda de la santidad cristiana, o santificación. Como veremos en el próximo capítulo, Wesley creía que ese nuevo nacimiento (tal como la justificación) se daba en el bautismo, por lo menos en el caso de los infantes. Para las personas adultas que profesaban la fe, ocurría simultáneamente con la justificación en el momento que la persona creía en Cristo. Además creía que la mayoría de las personas, incluso las bautizadas durante la infancia, se habían apartado, por el pecado, de la gracia que previamente habían conocido y por esto necesitaban la renovación que trae el nuevo nacimiento.

El nuevo nacimiento es el comienzo de la nueva vida en Cristo, una vida de crecimiento en santidad. La palabra que los metodistas han adoptado históricamente para describir el crecimiento en la santidad es santificación (del latín *sanctus*, "santo"). Sin embargo, la santificación no consiste en la búsqueda insulsa de las buenas obras ni en un resentido constreñimiento de lo que nos gustaría hacer pero no debemos hacer. Más bien, en la percepción wesleyana,

El camino a la santificación

"Nuevo nacimiento", o regeneración

Confesión 9 MU

Confesión 11 MU; AME Catecismo, 9-14, 31-32

Voluntad y deseos transformados

la santificación denota en primer lugar la transformación de nuestra voluntad y sentimientos. Como seres humanos llegamos a amar y desear lo que Dios ama. Por esto esa búsqueda de la santificación es una búsqueda gozosa. Así hacemos lo correcto y evitamos el mal porque es lo que nuestros deseos transformados verdaderamente anhelan. En palabras de Carlos Wesley,

Himnario: MU (1989), no. 410 T; "querer" = "carecer" o "necesitar"

Quiero principios con un temor vigilante y piadoso, sensibilidad al pecado, y dolor al sentirlo cerca.

Los metodistas instaban a menudo a los creyentes a *renovar* su compromiso con Cristo o a *rededicar* sus vidas a Cristo.

Ley moral

Artículo 6; AME Catecismo, 19-20

Un aspecto importante de la búsqueda de la santificación es el seguimiento meticuloso de la ley moral de Dios. Las afirmaciones doctrinales de Wesley y los metodistas reconocen, en armonía con la tradición protestante, que la "ley ceremonial" de la Biblia hebrea ha pasado a estar en desuso por los cristianos. Pero insistían en que la ley moral incluye preeminentemente los Diez Mandamientos. La observancia de los metodistas del Día del Señor (ver el capítulo 7) se fundaba en su sentir de que observar el domingo como día de descanso cumplía con el Mandamiento de santificar el Sabbath.

Identificar problemas espirituales

La observación de Juan Wesley de la vida espiritual de las personas le llevó a identificar y categorizar una amplitud de problemas espirituales o enfermedades que los creyentes podrían encarar en su

DOCTRINAS DISTINTIVAMENTE WESLEYANAS

búsqueda de la santificación: tentación, temor, falsa seguridad, jactancia en las conquistas espirituales, formas de depresión espiritual. Muchos de sus sermones tratan estos asuntos con títulos que a veces son descriptivos pero con frecuencia utiliza imágenes bíblicas: "Pensamientos errantes", "Afligidos en diversas pruebas", "La condición de desierto", etc. El último título (cuya imagen es la de Israel en el desierto, clamando a Dios) indica lo que Wesley consideraba ser el problema espiritual fundamental: la pérdida de fe en Cristo, la cual implica la pérdida de la justificación. En ocasiones los metodistas hablan informalmente de la pérdida de la fe y la justificación como la *caída de la gracia* (Hebreos 6:4-6). Al afirmar la posibilidad de la pérdida de la fe y la justificación, los metodistas rechazan la doctrina de la "eterna seguridad" que se enseña en algunas iglesias, la noción de que una vez que una persona ha creído en Cristo la salvación final está garantizada.

> Sermones de J. Wesley, "Pensamientos errantes", "Afligidos en diversas pruebas", "La condición de desierto"

En el modelo wesleyano, la búsqueda de santificación no es una aventura solitaria. Es una búsqueda que se emprende en compañía, con la totalidad del sistema de las reuniones de la clase metodista, las sociedades, las bandas, y otras asociaciones como medio para asistir al que emprende la búsqueda y al creyente. Es una búsqueda que se emprende con la ayuda de los "medios de gracia": el estudio devocional de la Biblia, la oración y la Santa Cena (ver el próximo capítulo), todos ellos provistos por Dios y

> Santificación y comunidad cristiana

> Santificación y los "medios de gracia"

Santificación social

por los cuales quienes buscan la santidad y los creyentes puede tener acceso constante a la gracia divina. En el modelo wesleyano, la santificación no se limita a la santificación personal. Es un proceso en el que las personas creyentes buscan la santificación del mundo que las rodea. Juan Wesley animaba a los metodistas a involucrarse con una gran variedad de movimientos para mejorar las condiciones sociales. De hecho, en una de sus más apasionadas y últimas de sus cartas, animaba el empeño de William Wilberforce para terminar con la esclavitud en los territorios británicos. Tras la muerte de Wesley los metodistas se han involucrado en movimientos para mejorar la condición de los trabajadores, las mujeres, los niños y las niñas; para poner fin a los juegos de azar; para controlar el consumo de alcohol; para combatir el racismo; y para actuar "En Defensa de la Creación" (título de una declaración en cuanto a la proliferación nuclear emitida por los obispos metodistas unidos en los años 80). Por tanto el "camino de salvación" metodista va dirigido tanto al interior como al exterior. Nos lleva a una visión moral comprensiva (ver el capítulo 7) por la que se busca la transformación del mundo entero. Pero los metodistas buscan esta transformación, la transformación de todo el mundo, no por esfuerzo propio o la bondad, sino por la gracia divina.

La piedad metodista describe el objetivo de la santificación como *entera santificación* o *perfección*

DOCTRINAS DISTINTIVAMENTE WESLEYANAS

cristiana. Si la noción de perfección pudiera resultar ofensiva, es también bíblica: Jesús nos enseña "Sed, pues, vosotros perfectos, como vuestro Padre que está en los cielos es perfecto" (Mateo 5:48). Sin embargo, ¿a qué perfección puede aspirar el ser humano? Los metodistas responden repitiendo el Gran Mandamiento: "Amarás al Señor tu Dios con todo tu corazón, con toda tu alma y con toda tu mente" (Mateo 22:37; ver también Marcos 12:30 y Lucas 10:27). Junto con este mandamiento, los metodistas insisten en que la perfección cristiana también conlleva el cumplimiento del segundo mandamiento: el amor al prójimo. Por tanto, la perfección cristiana o entera santificación denota primeramente la perfección de nuestro amor por Dios y por el prójimo.

Juan Wesley y los maestros metodistas clarifican que hay muchos aspectos por los cuales los seres humanos no pueden ser perfectos: en esta vida no estamos libres de enfermedades, tentaciones, errores, o ignorancia. Pero cuando se les pide que justifiquen su declaración de que debemos ansiar (en la jerga del siglo XVIII, "esperar") la perfección cristiana en esta vida, responden con otras dos declaraciones relacionadas. (1) Es la *intención* de Dios que nosotros amemos a Dios completamente (el Gran Mandamiento). (2) Dios tiene el *poder* de manifestar su intención. Negar la doctrina de la perfección cristiana, como ellos la entendieron, significa negar una de estas dos declaraciones cristianas fundamentales. Aunque

---

La meta de la santificación: Entera santificación o perfección cristiana

Confesión 11 MU; AME Catecismo, 80-95

Sermón de Wesley sobre "La perfección cristiana" I:1-9

Sermón de Wesley sobre "El camino de la salvación según las Escrituras" III:14-15

Juan Wesley cuestionaba muchas de las declaraciones de personas que decían haber sido enteramente santificadas (especialmente cuando las personas se jactaban de ello), creía que ha habido santos a través de la historia, y aún en su propia época, que habían alcanzado esta entera santificación por la gracia divina. Por esto, preguntaba a sus asistentes (y las iglesias metodistas siguen preguntando a sus candidatos a la ordenación): "¿Esperan (esto es, tienen el deseo) de ser perfeccionados en amor en esta vida?"

El "camino de la salvación" como forma de vida distintivamente metodista

Desde los primeros indicios de la gracia en el alma humana hasta la consumación de la obra de Dios en entera santificación, el entendimiento wesleyano del "camino de salvación" ofrece una visión comprensiva de la vida cristiana. Ésta es la visión que nuestras madres y padres en la fe cantaron, predicaron, enseñaron y vivieron. Un aspecto de la gran belleza de esta visión se encuentra en su *equilibrio*: la visión wesleyana pretende equilibrar la justificación y la santificación, la gracia divina y la responsabilidad humana, la fe y las buenas obras, la santidad personal y la social. Otro aspecto de su atractivo está en su profundidad: la visión wesleyana no es un modelo sencillo; está en la profundidad de la experiencia que se plasma en los sermones de Juan Wesley y en la *profundidad* de la belleza poética que se expresa en los himnos de Carlos Wesley. Esta profundidad se magnifica en la experiencia histórica del pueblo metodista que buscó vivir una vida de fidelidad con

DOCTRINAS DISTINTIVAMENTE WESLEYANAS 75

nuestro Salvador. El entendimiento del "camino de salvación" es, por tanto, uno de los tesoros espirituales del metodismo: una visión distintiva de la vida cristiana que busca la transformación completa por medio de la gracia de Dios. En nuestra época no debemos solamente inspirarnos por el modelo del "camino de salvación" como se expresaba en el siglo XVIII; debemos también preguntarnos como experimentan las persona la gracia de Dios hoy día.

Recursos: Algunos estudios clásicos y contemporáneos del camino wesleyano de la salvación incluyen: Williams, *John Wesley's Theology Today*, especialmente los capítulos 3, 5, 7, 8, y 10); Outler, *Theology in the Wesleyan Spirit*; Maddox, *Responsible Grace*; y Collins, *Scripture Way of Salvation*. Para una explicación más detallada del "camino de la salvación" en la doctrina formal y en la cultura religiosa popular dentro de las comunidades wesleyanas, ver Campbell, *Wesleyan Beliefs*, 63–85, 106–15, 147–66, 221–29, 231–33. Para comparaciones específicas del "camino de la salvación" wesleyano entre las iglesias "holiness" y pentecostales, cf. Campbell, *Christian Confessions*, 235–39; Jones, *United Methodist Doctrine*, 195–216. Apuntes del Obispo Walter Klaiber y del Dr. Sondra Ely Wheeler en las lecciones 6 y 7 de la serie audiovisual *The Wesleyan Studies Project* trata de las enseñanzas de la justificación y santificación en el contexto de la tradición wesleyana. Lo que Juan Wesley entendía por "el camino de la salvación" lo expresa en su sermón "El camino de la salvación según las Escrituras", (González, *Obras de Wesley*, Tomo III, Sermones III , págs 89-106). Carlos Wesley expresó su entendimiento de la perfección cristiana o santificación entera en su himno, "To–Jesus: Shew Us Thy Salvation" (comenzando "Love Divine, all loves excelling," en Campbell, *A Wesley Reader*, 132–33: "Sólo excelso, amor divino", en González, *Obras de Wesley*, IX, 243-44).

CAPITULO 5
DOCTRINAS SOBRE LA IGLESIA, EL MINISTERIO Y LOS SACRAMENTOS

El movimiento metodista no se estableció para pronunciarse como una iglesia. Sin embargo, debido a una serie de circunstancias desafortunadas terminó separándose. Al abrazar los metodistas su identidad como miembros de iglesias o denominaciones metodistas, surgió la necesidad de clarificar su postura en cuanto a la iglesia, sus ministerios y sus actos más significativos, incluyendo los sacramentos. En la mayoría de los casos, los metodistas heredaron sus enseñanzas de sus raíces en la Iglesia de Inglaterra y en la tradición cristiana en general, aunque hay unas notas o ajustes característicamente metodistas a esas doctrinas.

Enseñanzas sobre la iglesia, ministerio y sacramentos

El Artículo de Religión (13) define la "iglesia" (en este caso, hace referencia a la iglesia universal cristiana) como una entidad que incluye tres elementos necesarios: la fe ("una congregación de fieles"), la predicación ("en la cual se predica la palabra pura de Dios") y los sacramentos (donde "se administran

Iglesia

Artículo 13; cf. Confesión MU 5

debidamente los sacramentos"). Esta definición es fruto de la Reforma Protestante; de hecho, es muy similar en el vocabulario que utiliza el Artículo Anglicano y a la Confesión Luterana de Augsburg que le antecede.

Necesidad de discipulado y responsabilidad

Prefacio a las Reglas Generales

Sin embargo más allá de estos elementos que constituyen la Iglesia hay un cuarto elemento que da el carácter distintivo metodista al concepto de Iglesia. Es característico en las declaraciones doctrinales distintivamente metodistas insistir de forma particular en la de disciplina o responsabilidad personal, como elemento característico de la comunión cristiana. Por un lado ésta se mantiene en común con la tradición de la Reforma (presbiterianos y congregacionalistas), que insistió a su vez en la disciplina de la iglesia además de en la fe, la predicación y los sacramentos. Pero aunque la tradición reformada practicaba esta disciplina a nivel de las congregaciones locales, donde el pastor y ancianos controlaban el acceso a la comunión, los metodistas practicaban esta disciplina y el rendirse cuentas el uno al otro a nivel de grupos pequeños de creyentes. En la primeras sociedades metodistas, los líderes de las clases distribuían boletos para admitir a hombres y mujeres a la Fiesta del Amor. La disciplina de la obligación de la responsabilidad personal en los grupos pequeños ha sido un aspecto característico metodista en su concepto de la "iglesia". El énfasis original de la Disciplina metodista estaba en la manera distintiva de

DOCTRINAS SOBRE IGLESIA, MINISTERIO Y SACRAMENTOS

la responsabilidad de rendir cuentas del discipulado (ver capítulo 7). Con este énfasis en la obligación de rendir cuentas dentro de las sociedades voluntarias, el movimiento metodista dentro de la Iglesia de Inglaterra ofrecía una descripción alternativa de lo que significaba la comunión cristiana.

La Confesión de Fe metodista unida sigue el Credo Niceno cuando describe a la iglesia como "una, santa, católica y apostólica". Estos cuatro adjetivos se conocen históricamente por las "notas" de la Iglesia, y describen la Iglesia ideal, el modelo que sólo se reconoce parcialmente como la Iglesia que existe en el mundo, y la meta destinada por Dios para la comunidad cristina. La Iglesia será una en Cristo, y nuestras acciones se dirigen hacia esta unidad al mismo tiempo que oramos por ella. La Iglesia es santa en el sentido de que está separada del mundo, pero su santidad es parcial en el tiempo presente. La Iglesia es católica porque su propósito es universal (para todas las personas) y abarca la totalidad de la enseñanza cristiana, pero su catolicidad no se podrá alcanzar totalmente hasta que verdaderamente sea una comunidad inclusiva y fiel. La Iglesia es apostólica mientras se mantenga en continuidad con el testimonio apostólico, y siempre tendrá la necesidad de reformarse para volver a su testimonio apostólico.

Dentro de la comunión de la iglesia hay gran "variedad de dones (1 Corintios 12:4) y muchas funciones y oficios. La disciplina metodista unida

Notas de la iglesia

Credo Niceno; Confesión MU 5

Una (Unidad)

Santa (Santidad)

Católica (Catolicidad)

Apostólica (Apostolicidad)

El ministerio de la iglesia

80 DOCTRINA METODISTA: LOS FUNDAMENTOS

Ministerio ordenado

declara explícitamente que todos los cristianos bautizados son "ministros", pues todos tienen dones para servir y para el ministerio de la iglesia. Algunas personas dentro del cuerpo de creyentes son ordenadas para ministerios particulares. Desde el primer siglo los cristianos han reconocido típicamente tres niveles de ministerio: diáconos, sacerdotes ("presbíteros" o "ancianos") y obispos. Los metodistas han heredado esta fórmula del ministerio ordenado de la Iglesia de Inglaterra con dos variaciones: prefieren llamar al segundo "presbíteros" en vez de "sacerdotes", y consideran a los obispos un rango más alto de presbítero en vez de considerarlo un tercer nivel de ministerio. Este entendimiento del episcopado (el oficio de obispo) ha afectado las relaciones de los metodistas con otras iglesias. En recientes discusiones ecuménicas, tales como el estudio el *Bautismo, Eucaristía y Ministerio del Consejo de Fe del CMI* (Concilio Mundial de Iglesias) *y otras iglesias o el consenso del COCU*, los metodistas (AME, AME Sión y las iglesias de la CME) han mostrado su deseo de aceptar el ordenamiento histórico de los tres oficios para el ministerio ordenado en favor de la unidad ecuménica (ver más adelante la función de los obispos).

Diáconos

Diáconos "de transición"

Históricamente, los diáconos metodistas eran personas que se preparaban para el ministerio ordenado de presbítero, y el oficio del diácono era simplemente de prueba y de transición. Esto sigue así con las iglesias de la AME, AME Sión y CME. La

DOCTRINAS SOBRE IGLESIA, MINISTERIO Y SACRAMENTOS

Iglesia Metodista Unida ha reformulado el oficio del diaconado en años recientes para permitir el cargo permanente (no transicional) de diácono, personas cometidas al ministerio de justicia, misericordia y al servicio. La Iglesia Metodista Unida está a la par con los católicos, anglicanos y otros que se han movilizado en años recientes para reformar la integridad del oficio del diácono permanente.

Diáconos "permanentes"

Comúnmente nos referimos a los presbíteros como "ministros ordenados" o "predicadores" (ver más adelante los predicadores laicos). Los presbíteros son ordenados para la predicación y la celebración de los sacramentos. La IMU establece que los presbíteros son ordenados en la "palabra, sacramento y orden", orden refiriéndose a la parte del pastor en el discipulado que exige responsabilidad (rendir cuentas) y al papel que típicamente ejercen los obispos (ver más adelante) en la ordenación y supervisión de los ministerios de la iglesia. Una característica histórica del oficio de los presbíteros metodistas es su ministerio *itinerante*. Inicialmente conllevaba que los presbíteros viajaran a diferentes lugares para predicar en diferentes localidades para servir circuitos de gran extensión geográfica. En las iglesias del metodismo episcopal norteamericano los circuitos se han reducido hasta el punto que las congregaciones tienen el mismo pastor cada semana. Este ministerio itinerante sigue refiriéndose a la manera distintiva metodista de nombrar presbíteros, donde los obispos en consulta con

Presbíteros

Ministerio itinerante

DOCTRINA METODISTA: LOS FUNDAMENTOS

Presbíteros presidentes o superintendentes de distrito

la iglesia y los "presbíteros presidentes" (AME, AME Sión, CME) o los "superintendentes de distrito" (MU) asignan presbíteros a sus cargos pastorales. La itinerancia metodista otorgó al metodismo en general ventaja en la evangelización en el siglo XIX al permitir una flexibilidad particular y seguir la expansión de la frontera americana.

Obispos

Los generales comandantes de las fuerzas de despliegue metodistas son los obispos. El término "episcopal" en el nombre de la iglesias de la AME, AME Sión y CME (y de las antiguas iglesias de la ME y MES) indica la prominencia de los obispos en el gobierno de esas iglesias. Como indicamos anteriormente, históricamente los metodistas consideran a los obispos como presbíteros que han sido apartados para el ministerio particular y personal de la superintendencia de la iglesia (no un orden de ministerio separado). Como los obispos de las antiguas comuniones cristianas (ortodoxos, católicos y anglicanos), los obispos metodistas se eligen de por vida (de forma vitalicia) y representan a la iglesia con las ordenaciones. Los metodistas no insisten en una sucesión inquebrantable de obispos desde los tiempos de la iglesia primitiva. La declaración de la AME en cuanto a la "sucesión apostólica" clarifica que la ordenación ministerial metodista no se basa en una sucesión literal de obispos desde los apóstoles. Es importante establecer, en contraste, que otras iglesias no han "condenado" formalmente o cuestionado las ordenaciones

No necesidad de "sucesión apostólica"; declaración de la AME sobre la "sucesión apostólica"

DOCTRINAS SOBRE IGLESIA, MINISTERIO Y SACRAMENTOS

metodistas de ministerio por nuestra falta de prueba de la "sucesión apostólica", como se declara en ocasiones. Deberemos notar que por lo menos un miembro constituyente de la IMU, la Iglesia Protestante Metodista, ha rechazado la idea de episcopado (el oficio del obispo), y la Iglesia HEU nombra obispos no vitalicios (los obispos elegidos sirven por un periodo específico). Finalmente, es apropiado mencionar que las iglesias metodistas, a través del COCU *consensus*, han señalado su disposición a aceptar más formas históricas del episcopado en las que se mantiene la sucesión apostólica, aunque este deseo no indique la creencia de que la sucesión apostólica sea necesaria para la existencia de la iglesia.

A parte de los diáconos, presbíteros y obispos que constituyen las tres órdenes de las iglesias históricas, los metodistas han hecho uso de diferentes oficios ministeriales. Desde el principio, laicos predicaron entre los metodistas. Juan Wesley intentó clarificar que estos son ministros "extraordinarios" que no usurpaban los ministerios "corrientes" de los sacerdotes (anglicanos). Casi todas las iglesias metodistas han utilizado alguna forma de ministerio de *predicación laica*, aunque la capacidad de los predicadores laicos (o "predicadores locales") para celebrar los sacramentos ha variado con el tiempo. La mayoría de las denominaciones metodistas (no la IMU) ordena "presbíteros locales" concediéndoles la autoridad para celebrar los sacramentos. Los

Otros oficios ministeriales

Predicadores laicos

Diaconisas

Medios de gracia

Sermón de J. Wesley, "Los medios de gracia" II:1

predicadores laicos o locales y los presbíteros locales reciben su instrucción en la iglesia, y miles de iglesias metodistas más pequeñas se han mantenido vivas gracias al ministerio de los predicadores laicos. En el siglo XIX, las iglesias metodistas capacitaron y consagraron a mujeres como *diaconisas* en ministerios específicos orientados al servicio. La Iglesia AME continúa haciéndolo hasta la fecha. Sus ministerios constituyen uno de los precedentes históricos para la renovación metodista unida del oficio del diácono permanente en décadas recientes. Además de estos oficios, las iglesias metodistas han utilizado laicos en numerosos oficios, como ujieres, líderes de clases, y personas que sirven en juntas y comités de la iglesia. La IMU continúa con la tradición de la antigua Iglesia Metodista Protestante al insistir en la representación igual de laicos y clerecía en todas las conferencias conexionales.

Gran parte de la enseñanza metodista en cuanto a la Iglesia es la creencia que la fe se puede hallar a través de medios comunes instituidos por Dios. Juan Wesley defendía lo que denominaba *medios de gracia*, los cuales definía como "señales exteriores, las palabras o acciones ordenadas e instituidas por Dios con el fin de ser los canales ordinarios por medio de los cuales pueda comunicar a la criatura humana su gracia anticipante, justificadora y santificadora". En este sermón sobre los "Medios de gracia", escrito en contención con un grupo particular de moravos de

Londres, Wesley nombró la oración, el estudio de las Escrituras y la Santa Cena. En las "Reglas Generales" nuestras iglesias afirman que debemos buscar a Cristo con "la observación de todas las ordenanzas divinas", que son las siguientes: adoración pública, predicación, la Santa Cena, oración individual y en familia, estudio de las Escritura y el ayuno. Juan Wesley reconocía que los "medios de gracia" no se limitaban a esos expresamente mencionados en las Escrituras: reconoce que incluso en la experiencia del pueblo metodista algunas actividades, como la visita regular de los predicadores a las sociedades, se pueden considerar en la experiencia práctica como medios de la gracia divina. Por tanto, la disciplina de la CME consta de un capítulo separado dedicado a los "Medios de gracia", que incluye una discusión en cuanto a la Santa Cena y la Fiesta del Amor (ver a continuación).

"Reglas Generales" parte III

Entre los medios de gracia, Wesley y las "Reglas Generales" siempre incluyeron la Santa Cena. El bautismo no se menciona entre ellos, porque la lista de los medios de gracia u "ordenanzas de Dios" incluye aquellos medios que los cristianos han de utilizar con regularidad. Al igual que otras iglesias protestantes, las iglesias metodistas reconocen el bautismo y la Santa Cena como *sacramentos*, los cuales el decimosexto Artículo de Religión define como "testimonios seguros de la gracia y buena voluntad de Dios para nosotros, por los cuales obra en nosotros invisiblemente". Este artículo insinúa que los sacramentos

Sacramentos

Artículo 16; Confesión MU 6

(a) son ordenados por Cristo con el mandato de que debemos de continuarlos, (b) tienen una expresión externa y "visible" (el agua, o los elementos del vino y pan), y (c) de alguna manera otorgan gracia divina a las personas que participan de ellos con fe. Históricamente, el oficio de un presbítero metodista se distinguía por la autoridad de celebrar los sacramentos.

Bautismo

De igual manera que casi todas las comunidades cristianas, los metodistas practican el *bautismo* siguiendo el mandato de Cristo (Mateo 28:19) como el sacramento de iniciación cristiana, el medio por el cual las personas entran en la comunión de la iglesia.

No fue fácil para los metodistas llegar a un consenso en cuanto a la relación del bautismo con la salvación. Nótese la variedad de perspectivas que siguen al respecto:

Opinión 1:
Bautismo como símbolo externo de identificación cristiana

1. Algunas iglesias insisten en que el bautismo es simplemente una expresión externa de membresía y por esto no tiene relación directa alguna con la salvación (creencia que acogen congregaciones que practican el bautismo de creyentes y muchos protestantes liberales).

Opinión 2:
Bautismo vinculado a la justificación y regeneración

2. Las iglesias de la tradición reformada insisten en que el bautismo está vinculado a nuestra justificación y regeneración (nuevo nacimiento), pero no

"automáticamente": el momento cuando se aplicaba el agua en el bautismo puede ser distinto al momento cuando la persona es justificada y nacida de nuevo.

3. Tradiciones cristianas antiguas, que incluyen las iglesias Ortodoxa, Católica y Luterana junto con la iglesia Anglicana de Wesley han insistido desde el principio en que el bautismo es en sí el medio de justificación y regeneración, es decir, las personas que han sido bautizadas han sido justificadas y han nacido de nuevo.

Opinión 3: Bautismo como medio de justificación y regeneración

Juan Wesley afirmaba la tercera postura con respecto al bautismo de infantes. Sin embargo, advirtió que las personas adultas no deben "depender" del bautismo, pues es posible negar la fe en la que una persona ha sido bautizada. Además, el Artículo de Religión sobre el bautismo (17) omite un pasaje importante del Artículo Anglicano (en el que se basa), que dice:

Sermón de J. Wesley, "El nuevo nacimiento" IV:1-2

Artículo 17

...como por instrumento, quienes reciben rectamente el bautismo son injertados en la Iglesia; las promesas de la remisión de los pecados, y la de nuestra adopción como Hijos de Dios por medio del Espíritu Santo, son visiblemente señaladas y selladas; la Fe es confirmada, y la gracia, por virtud de la oración a Dios, aumentada.

[Omitido del Artículo metodista]

Porque este pasaje contiene lenguaje más directo en cuanto al bautismo como un "instrumento",

Confesión MU 6

Estudio bautismal MU, "Por agua y por Espíritu" (1996)

su omisión inclina el entendimiento metodista del bautismo hacia la segunda posición histórica que se menciona arriba. De manera similar, la Confesión de Fe MU describe el bautismo como "un símbolo de arrepentimiento y purificación interna de pecado". De hecho, un documento de la IMU en cuanto al bautismo adoptado en 1996 declara una posición similar a esa de las iglesias reformadas históricas en la que se menciona que el momento de la aplicación del agua en el bautismo no puede identificarse precisamente como el momento en el cual una persona es nacida de nuevo.

Bautismo de infantes

Artículo 17; Confesión MU 6

Las iglesias metodistas apoyan la práctica del *bautismo de infantes* (afirmada explícitamente en el Artículo 17) e históricamente se ha dedicado considerable energía a la defensa de esta práctica del bautismo de infantes en respuesta a iglesias que solamente practican el bautismo de creyentes. La práctica del bautismo de infantes se fundamenta en los bautismos de familias enteras que se mencionan en el Nuevo Testamento (Hechos 16:15, 16:33), la invitación de Jesús a los niños (Mateo 19:13-15, Marcos 10:13-15, Lucas 18:15-17), y en la consideración de que los infantes, tanto como las demás personas, necesitan de la comunión de la iglesia. Podríamos notar, sin embargo, que al afirmar el estudio del CMI del *Bautismo, eucaristía y ministerio* (1982) y la reestructuración de los himnario para colocar el orden del bautismo de adultos en primer lugar,

DOCTRINAS SOBRE IGLESIA, MINISTERIO Y SACRAMENTOS 89

las iglesias metodistas proyectan una tendencia ecuménica creciente que considera el bautismo de adultos como la expresión normativa del bautismo en la iglesia. Esto no contradice la práctica continuada del bautismo de infantes, sino sugiere que el bautismo de infantes debe considerarse una posibilidad especial o excepcional abierta a los hijos e hijas de los creyentes maduros.

Las iglesias metodistas permiten la práctica del bautismo por *aspersión, infusión* o *inmersión*. La realidad es que pocos edificios de la iglesia metodista cuentan con bautisterios grandes lo que conlleva que la inmersión rara vez es una opción práctica. Sin embargo, como mencionamos, el consenso ecuménico creciente lleva a los metodistas juntos con otros cristianos a considerar más seriamente la opción del bautismo por inmersión, la forma de bautismo más antigua de la iglesia, y muchos de los nuevos edificios de la iglesia metodista han incorporado baptisterios que permiten esta práctica.

El segundo sacramento que declaran los metodistas junto con la comunidad cristiana histórica es el sacramento de la *Cena del Señor* (llamado también "Santa Comunión" o "Santa Cena" y, en el contexto ecuménico, la "Eucaristía"). Con este acto celebramos nuestro compañerismo y comunión con Cristo y con los demás, y reconocemos la nueva gracia que Cristo nos ofrece. De la misma forma que consideramos el bautismo anteriormente en relación a tres

Formas de bautismo: aspersión, infusión e inmersión

La Santa Comunión

perspectivas históricas, podemos también considerar la Santa Comunión en relación a cuatro perspectivas históricas:

Opción 1:
Memorialismo,
o zuinglianismo

1. Algunas iglesias mantienen que la Santa Comunión es meramente conmemorativa, un recuerdo, del sacrificio de Cristo y una expresión de la comunión cristiana. Muchas iglesias evangélicas, protestantes liberales y una minoría de iglesias reformadas mantienen esta posición "zuingliana".

Opción 2:
Virtualismo

2. Las iglesias reformadas históricas mantienen que aunque el cuerpo de Cristo ascendió al cielo, la Santa Comunión, cuando se recibe con fe verdadera, transmite poder espiritual único. A veces se le llama a esta perspectiva "virtualismo", porque el término latino para expresar este poder espiritual es *virtus*.

Opción 3:
Presencia
corporal

3. Las iglesias luteranas afirman que el verdadero cuerpo humano de Cristo está presente en los elementos del pan y el vino en la celebración de la Santa Comunión. A esta perspectiva se la describe con frecuencia como la creencia en la presencia "corporal" de Cristo.

4. La enseñanza histórica católica mantiene que no solamente el cuerpo físico de Cristo está presente sino también que la esencia del pan y el vino cambian, persistiendo sólo la apariencia (pero no la realidad) del pan y del vino. A esta perspectiva se la ha llamado históricamente la creencia en la "transubstanciación".

Opción 4: Transubstanciación

El Artículo de Religión (18) descarta explícitamente la formulación medieval de la transubstanciación, y la introducción de este Artículo junto con la propia devoción eucarística de Wesley parecen acercarse a la primera opción mencionada. Ciertamente los himnos de Carlos Wesley evocan la fe como más que una simple presencia simbólica de Cristo: "Gustad la bondad de nuestro Dios, / y comed su carne y bebed su sangre".

Artículo 18

Himnario: MU (1989), no. 616

En ocasiones Carlos Wesley hacía uso del lenguaje preciso del virtualismo: "¿Quién puede explicar la maravillosa forma en que, a través de ellos, virtud nos llegó?/ Esos elementos virtud nos transmitieron, sin dejar de ser los mismos". El Artículo (18) puede leerse de forma que apoye tanto el virtualismo como la creencia en una presencial corporal. Nuestras hermanas y hermanos anglicanos con frecuencia evitan hacer la distinción al referirse a la "Presencia Real" de Cristo en el sacramento, pues "Presencia Real" puede apoyar cualquiera de estas dos perspectivas, aunque

Himnario: MU (1989), no. 627 (Español: *Obras de Wesley*, IX, pág. 276)

"Presencia real"

esta terminología no se ha utilizado en las fuentes doctrinales del metodismo histórico. Sin necesidad de una definición más precisa, debemos sin embargo acercarnos a la Santa Comunión de manera que esperemos encontrarnos con Cristo en el sacramento.

Comunión abierta

Es costumbre en las iglesias metodistas la práctica de la *comunión abierta*, es decir, nuestra comunión invita a todos los cristianos. Esta costumbre longeva no se fundamenta en las fuentes doctrinales, y de hecho las primeras iglesias metodistas practicaban una comunión muy estricta, cuyo acceso se controlaba con pases o boletos de las clases de la misma forma que se hacía con la Fiesta del Amor (ver más adelante). En ocasiones los metodistas apelan a la declaración de Juan Wesley de que la comunión puede ser una "ordenanza de conversión"[†] para justificar la liberalidad de nuestra invitación a participar de la Santa Comunión. Y aunque este pensamiento podría justificar la comunión de no-creyentes bautizados (de los que Wesley pensaba que habían demasiados), no contempla el tema de la comunión a través de líneas denominacionales, el cual es la intención principal de esta invitación para participar de los elementos. El tema de la comunión abierta es un acercamiento ecuménico, no solamente porque los metodistas reaccionan negativamente hacia la práctica de una comunión estricta, "cerrada", en otras iglesias, sino también porque otras iglesias pueden considerar la liberalidad metodista como promiscuidad, especialmente cuando individuos extienden la invitación a personas no bautizadas o a no cristianos.

Juan y Carlos Wesley defendían la comunión frecuente. Mantenían que no querer comulgar, cuando se daba la oportunidad, significaba rechazar a Cristo. Juan Wesley declaró en 1784 que esperaba que cada presbítero metodista celebrara la Santa Cena cada domingo.† La práctica de la predicación en circuitos extensos, sin embargo, conllevaba que los presbíteros no estuvieran presentes cada domingo en cada sociedad (o iglesia) metodista, y por esto las congregaciones desde el principio se acostumbraron a la comunión ocasional. A esta realidad se pueden aplicar la siguientes palabras desafiantes de Carlos Wesley: "Éste es el momento, ¡no se demoren más! Éste es el día escogido por el Señor. Acudan a su llamado, en este mismo instante, y vivan para Aquél que murió por todos".

Ya mencionamos que Juan Wesley consideraba que los sacramentos eran parte de la categoría más amplia de los "medios de gracia". Los metodistas reconocen además otros medios. La *Fiesta del Amor* era una institución cristiana primitiva que los moravos retomaron en la época de Juan Wesley y también la adoptaron las primeras sociedades metodistas. La Fiesta del Amor se celebraba trimestralmente en las sociedades metodistas, y solamente se podía acceder

> **Comunión frecuente**
>
> Hymnal: UM (1989), no. 616
> Obras de Wesley, IX, pág. 271
>
> **Otros medios de gracia**
>
> **Fiesta del Amor**

a ella con un pase o boleto de la clase que indicaba la participación fiel de la persona en la clase y su cumplimiento de las Reglas Generales. Otra institución distintivamente metodista (también con precedentes en la iglesia primitiva) era la *vigilia*, donde los metodistas se reunía para pasar toda la noche en oración juntos. Más adelante considerarían los campamentos de avivamiento otro medio de la gracia divina.

En comparación con las iglesias más litúrgicas, los metodistas dan la impresión de ser más espontáneos, informales y evangélicos en su estilo de adoración y vida de iglesia. Comparados con las iglesias evangélicas, por otro lado, los metodistas parecen más formales, más litúrgicos y más "eclesiales". Uno de los dones del movimiento metodista es que ofrece una visión "eclesial" o sacramental de la fe evangélica. Nuestras enseñanzas de la naturaleza de la iglesia, su ministerio y sus medios de gracia junto con sus sacramentos, describen el lado "eclesial" de la espiritualidad metodista. Éstas se relacionan directamente con la búsqueda de la gracia que se describe en el capítulo anterior: La definición propia de Wesley de los "medios de gracia" establece que transmiten gracia preveniente, justificadora y santificadora (ver el capítulo 4).

Referencias: La creencia de que los obispos son un grado superior de presbíteros y no una tercera orden de

---

Vigilia

La iglesia, los medios de gracia y la vida cristiana

DOCTRINAS SOBRE IGLESIA, MINISTERIO Y SACRAMENTOS   95

ministerio se establecía en las fuentes Latitudinarias que Wesley leyó en la década de 1750 y a las que se refirió para justificar sus ordenaciones de 1784 (Edward Stilling-fleet y Peter King). Los obispos Asbury y Coke citan las mismas fuentes en sus notas publicadas de la primera *Disciplina* ME, 45-46. La referencia de Juan Wesley de la Santa Comunión como una "ordenanza de conversión" aparece en un resumen a un sermón en su *Diario* (27 de junio, 1740). La exhortación de Juan Wesley a los presbíteros para celebrar la Santa Cena cada domingo se encuentra en su carta introductora al *Servicio dominical de los metodistas en Norteamérica* (¶ 4, p. ii).

Recursos adicionales: Materiales comparativos de doctrinas en cuanto a la iglesia y sacramentos, cf. Campbell, *Christian Confessions*, 54–61 (Iglesia Ortodoxa), 97–112 (Catolicismo Romano), 163–83 (Iglesias Reformada y Unión), y 240–56 (Iglesias Evangélica y Libre). Una discusión más detallada de la perspectiva wesleyana en cuanto a la iglesia, ministerio y sacramentos se encuentra en Campbell, *Wesleyan Beliefs*, 46–57, 101–6, 167–201, 233–42; Jones, *United Methodist Doctrine*, 241–74. Las ponencias del Obispo David Kekumba Yemba, Dr. Henry H. Knight, Dr. Lawrence Hull Stookey, y Dr. Ted A. Campbell en las lecciones 9-11 de la serie audiovisual *The Wesleyan Studies Project* analizan las enseñanzas en cuanto a la iglesia, el ministerio y los sacramentos del bautismo y la Santa Comunión en el contexto de la tradición wesleyana. La perspectiva de Juan Wesley en cuanto a los medios de gracia, incluyendo la Santa Comunión, está detallada en su sermón "Los medios de gracia" en Campbell, *Wesley Reader*, (101-29). La explicación de sus ordenaciones y su provisión de una iglesia metodista separada en Norteamérica se estipulan en su carta "To Dr. Coke, Mr. Asbury, and Our Brethren in North America" (*Wesley Reader,* 193-96).

CAPÍTULO 6
DOCTRINAS SOBRE EL JUICIO, LA VIDA ETERNA, Y EL REINO DE DIOS

Lo que creemos de nuestro futuro afecta nuestras vidas diarias, pues vivimos de acuerdo a estas visiones. Esto es cierto para comunidades como para individuos: por ejemplo, un matrimonio puede sobrellevar cualquier dificultad en tanto que se mantenga una visión o meta común. Cuando se explican las enseñanzas sobre el juicio, la vida eterna y el reinado de Dios, lo que se hace es describir lo que nuestra tradición entiende por la visión común del futuro que Dios tiene para su pueblo. Este capítulo, sin embargo, será corto porque la doctrina cristiana no se ha centrado en estos asuntos, y en las fuentes metodistas sólo se tratan de forma indirecta.

El tercer Artículo de Religión afirma que Cristo "subió al cielo y allí está sentado hasta que vuelva para juzgar a todos los hombres en el postrer día". Esta declaración es consistente con el credo apostólico ("de donde vendrá a juzgar a los vivos y a los muertos") y con el Credo Niceno ("vendrá otra vez

Enseñanzas del juicio, la vida eterna y el reinado de Dios

Juicio
Artículo 3; cf. Confesión MU 12
Credo Apostólico y Credo Niceno

en gloria a juzgar a los vivos y a los muertos"). Al final, Cristo será nuestro juez. Wesley en sus Sermones mantiene que en el juicio final cada pensamiento, palabra y obra se sabrá y será juzgada. Nuestra justificación en ese "último día" será de nuevo por la fe en Cristo (ver los capítulos 3 y 4), pero nuestras obras no escaparán del examen divino. El himno de Carlos Wesley "Ved del cielo descendido" describe un panorama gráfico de este juicio: "Vedle todos, revestido de divina claridad".

La doctrina metodista histórica afirma, junto con la tradición cristiana en general, que las personas que Cristo ha salvado comparten el gozo de la comunión eterna con Cristo y los santos. El Credo Apostólico concluye con la declaración de nuestra creencia en "la vida perdurable"; de manera similar, el Credo Niceno concluye con la declaración "la vida y el mundo venidero". El *cielo* simplemente significa el gozo eterno en Cristo, en palabras de Juan Wesley, "la felicidad eterna". El juicio que espera a quienes rechazaron a Cristo (*infierno*) es "condenación sin fin" (Confesión 12 MU), la separación última de este gozo eterno en Cristo y la comunión con los santos. La iglesia y sus miembros nunca tendrán la osadía de hacer tal juicio. Al final, creemos que "el Juez de toda la tierra, ¿no ha de hacer lo que es justo?" (Génesis 18:25), es decir, confiamos que el juicio final se basará en la propia justicia divina.

Himnarios: AME (1984), no. 99; MU (1989), no. 718.
Obras de Wesley, IX, pág. 306

Vida eterna en Cristo

Credo Apostólico y Credo Niceno; Confesión 12 MU

J. Wesley, sermón sobre "El camino de la salvación según las Escrituras," I:1

DOCTRINAS SOBRE EL JUICIO, LA VIDA ETERNA

Los Artículos de Religión metodistas, siguiendo las enseñanzas de la Reforma, rechazan la idea católica medieval del purgatorio como un lugar donde las almas de las personas que han muerto en Cristo puede recibir ayuda por medio de las oraciones de los vivos. Juan Wesley creía en un estado intermedio entre la muerte y el juicio final, donde esas personas que rechazaban a Cristo serían conscientes de su condenación postrera (que todavía no se había pronunciado), y los creyentes compartirían el "seno de Abraham", o "paraíso", donde continuarían creciendo en su santificación. Esta creencia, sin embargo, no se declara formalmente en las normas doctrinales metodistas, las cuales rechazan la idea del purgatorio, pero se mantienen en silencio en cuanto a lo que sucede entre la muerte y el juicio final.

Por último el Credo Niceno nos dice en cuanto a Cristo que "su reino no tendrá fin". Hace referencia al tema bíblico del reino de Dios por establecerse, mensaje que consistentemente pronuncia Jesús tal y como Mateo, Marcos y Lucas lo describen. El "reino de Dios" es más que una percepción personal del futuro: implica un futuro en el cual el reinado de Dios, o su gobierno, afecta a todo el mundo. Es una visión de la transformación de la tierra hasta que la justicia, misericordia y amor de Dios prevalezcan en su totalidad. Estudios recientes muestran que al hacerse Juan Wesley mayor, su creencia en la "nueva creación" incluiría la redención y la sanidad de todo el universo, que sólo

Artículo 14

El reino, de Dios

Credo Niceno

J. Wesley, sermón sobre "La nueva creación"

se menciona indirectamente en su vida temprana, de una manera más explícita. Aunque esta perspectiva de la redención de toda la creación no se explicita en las fuentes doctrinales metodistas como pasa en los escritos posteriores de Juan Wesley, puede proporcionar un fundamento fuerte para una visión social y económica renovada para el día de hoy.

Vivir bajo la esperanza cristiana

Se nos llama a vivir en la esperanza, una esperanza (¡otra vez!) "fundamentada en nada más que la sangre y justicia de Jesús" (Edward Mote). La gracia de Dios nos transformará, cambiará nuestra comunidad cristiana, y por último transformará la totalidad de la creación. Se dirá por fin que

Himnarios:
AME (1984), no. 364; CME (1987), no. 223; MU (1989), no. 368

Los reinos del mundo han venido a ser
de nuestro Señor
y de su Cristo;
y él reinará por los siglos de los siglos.

(Apocalipsis 11:15)

Referencias: En la idea de la "nueva creación" en el pensamiento tardío de Wesley y su relevancia en la vida wesleyana contemporánea, ver Runyon, *La Nueva Creación*.

Recursos adicionales: Materiales comparativos sobre la vida más allá de la muerte, cf. Campbell, *Christian Confessions*, 53–54 (Iglesia Ortodoxa), 96–97 (Iglesia Católica Romana), 162 (Iglesias Reformada y Unión), y 239–40 (Iglesias Evangélica y Libre).

DOCTRINAS SOBRE EL JUICIO, LA VIDA ETERNA

Para un análisis más detallado de las perspectivas de Wesley sobre la escatología, ver Campbell, *Wesleyan Beliefs*, 242-47; Jones, *United Methodist Doctrine*, 216-18. Una ponencia del Dr. Randy L. Maddox en la lección 12 de la serie audiovisual *The Wesleyan Studies Project* analiza las enseñanzas de escatología (últimos eventos) en el contexto de la tradición wesleyana. En la "Carta a un católico romano" aparece una breve declaración de J. Wesley en cuanto a su creencia en las recompensas y castigos eternos, ¶10 en Campbell, *Wesley Reader*, 164; o en Ed. González, *Obras de Wesley*, Tomo VIII, 173.

CAPÍTULO 7

DOCTRINA METODISTA Y ETHOS METODISTA

Un libro de doctrina cristiana no discutirá necesariamente los temas de la ética y moralidad cristiana. Sin embargo la realidad es que muchas de las pautas doctrinales metodistas (particularmente las Reglas Generales y el Credo Social) tienen en mente la moralidad cristiana. Como vimos en la introducción, la doctrina metodista ha incluido consistentemente declaraciones morales tanto como teológicas, y la membresía metodista se basaba principalmente en exámenes éticos y no doctrinales. Muchos de los asuntos éticos tratados en las declaraciones metodistas antiguas parecen anticuadas hoy día (por ejemplo, las concernientes al pago de ciertas tarifas o cuotas) o incluso pintorescas (la observancia del domingo como Día del Señor). No obstante, es importante incluir en esta obra concisa por lo menos un bosquejo del *ethos* (conducta de vida) metodista que se expresa en nuestras declaraciones

Doctrina, moralidad, y ethos

doctrinales. Por nuestro enfoque en el ethos histórico de las iglesias metodistas, este capítulo no tratará temas críticos contemporáneas como el aborto o la homosexualidad, aunque algunas iglesias metodistas han adoptado declaraciones contemporáneas en cuanto a estos temas.

Ethos metodista: Moralidad personal estricta y moralidad social progresiva

Al describir como sería una sociedad verdaderamente cristiana, C.S. Lewis especuló que "su vida económica sería bastante socialista, y, en este sentido 'avanzada', pero su vida familiar y código de conducta sería más bien tradicional". Lo mismo se podría decir del ethos del metodismo histórico en ciertos aspectos. Con respecto a la moralidad personal su posición era bastante estricta y severa, destacando la responsabilidad moral, la necesidad de hacer buenas obras y el evitar ciertos males como el fumar o ingerir bebidas alcohólicas fuertes como el whiskey y la ginebra. Con respecto a la moralidad social, sin embargo, el ethos metodista tendía a ser bastante progresista, involucrando a las iglesias metodistas en las luchas para erradicar la esclavitud y el racismo en los Estados Unidos y defender los derechos de las mujeres y niños y niñas en la sociedad.

La base del ethos metodista: Afecciones transformadas

Debemos clarificar cuando nos adentramos en el diálogo de la moralidad metodista histórica que el ethos metodista no entendía la vida moral como una vida insulsa en la que se evitan maldades apetecibles y hacer a regañadientes lo que otra persona considera lo correcto. Como vimos en el capítulo 4, los metodistas entendían que al buscar la santificación la voluntad propia y las afecciones se transformaban progresivamente, de manera que, por la gracia, una persona llegaba al punto en el que genuinamente no le gustaba la maldad y genuinamente deseaba hacer el bien. En la práctica, los sermones e himnos proporcionaban motivación por la cual una comunidad se incentivaba a evitar males concretos y a hacer el bien: "rescatar al que perece, dar cuidado al moribundo/ Jesús es misericordioso, Jesús salvará" (Frances Jane Crosby). La motivación misericordiosa (esa motivación que surge de la gracia divina) era tan importante en la moralidad social metodista como lo era para la moralidad personal. Evitar la maldad y hacer lo bueno fluían del arrepentimiento, la fe y el gozo en Cristo.

Himnarios: AME (1984), no. 211; CME (1987), no. 142; MU (1989), no. 591

Este capítulo describe el ethos metodista histórico que se expresa en nuestras declaraciones doctrinales bajo tres encabezados: (1) la vida en la comunidad cristiana, (2) moralidad personal y (3) moralidad social. Las fuentes doctrinales que utilizaremos principalmente serán las Reglas Generales, algunos aspectos en los Artículos de Religión que tienen que ver con asuntos de moralidad, unos pasajes de los *Sermones* de Wesley que tratan de la conducta y moralidad cristiana, y el Credo Social metodista. Por lo demás, indicaremos unas pocas áreas donde hay consenso moral consistente en las comunidades metodistas, y se mencionan de forma implícita en las declaraciones metodistas históricas.

Organización de este capítulo

DOCTRINA METODISTA: LOS FUNDAMENTOS

Vida en la comunidad cristiana

Los tres encabezados de las Reglas Generales son: (1) evitar toda clase de mal, (2) hacer toda clase de bien, y (3) asistir a todas las "ordenanzas de Dios". Porque las "ordenanzas de Dios" hacen referencia directa a las obras que se realizan con otros cristianos, se podría argumentar que la vida en la comunidad cristiana ocupa un último lugar en este orden. Sin embargo, la vida en la comunidad cristiana es la presuposición que subyace en las Reglas Generales, la cual hace función de contrato por el que los metodistas se rendían cuentas semanalmente en cuanto a su conducta moral. Las Reglas Generales responsabilizaban a los metodistas de los siguientes artículos que se relacionaban con la vida en la comunidad cristiana:

Reglas Generales, III; cf. MU Confesión, 13

El culto público de Dios
El ministerio de la Palabra, ya leída o explicada
La Cena del Señor
La oración privada y de familia
El escudriñamiento de las Escrituras
El ayuno y la abstinencia

Adoración pública, predicación, y la Santa Comunión

Todos estos puntos se consideraban "medios de gracia" (ver el capítulo 5). Al principio los metodistas participaban en los tres primeros —culto público, predicación y la Cena del Señor— en el contexto de la Iglesia de Inglaterra. Al organizar los metodistas su propios circuitos de predicadores itinerantes, se apropiaron del segundo artículo, y para la década de 1780 los metodistas ya habían desarrollado sus propios servicios del culto público, junto con la celebración de la Cena del Señor. Como vimos en el capítulo 5, sin embargo, la celebración de la Santa Comunión entre los metodistas se convirtió en algo ocasional después de la época de Wesley. Con el tiempo, el culto público metodista desarrollaría servicios y ocasiones distintivas como los campamentos, avivamientos urbanos y los cultos de oración de los domingos y miércoles por la noche.

El segundo grupo de tres artículos en la lista —la oración en privado y en familia, estudios bíblicos devocionales y el ayuno regular— fueron disciplinas que los metodistas fomentaban. Podríamos señalar que el ayuno, para los metodistas, no tenía que ser riguroso. La práctica personal de Juan Wesley consistía en evitar alimentos desde el amanecer hasta mitad de la tarde los miércoles y los viernes, siguiendo la costumbre de los cristianos primitivos. La combinación de estas formas de espiritualidad más íntimas con el culto público, la predicación y la celebración sacramental otorgó a la práctica y a la vida metodista un molde característico formado de disciplinas espirituales consistentes.

Oración, estudio de la Biblia, ayuno

Un aspecto consistente del ethos metodista era la observancia del domingo como "Día del Señor", que consistía en la abstinencia de trabajo ese día y la intención de evitar causar que otras personas trabajaran el domingo. Las Reglas Generales prohíben

El Día del Señor

Reglas Generales, I; cf. Confesión MU, punto 14	explícitamente a los metodistas "profanar el día del Señor, ya sea haciendo en éste trabajo ordinario, ya sea comprando o vendiendo".
Reuniones de clases y otros grupos pequeños	Otro aspecto más del ethos metodista dentro de la comunidad cristiana era la participación en pequeños grupos, siendo el primero las "sociedades" metodistas, las cuales a mediados de 1740 se subdividieron en "clases" para tener más intimidad. Es importante destacar que estos grupos se reunían no solamente para la oración y el estudio bíblico sino
Prefacio a las Reglas Generales	también más concretamente para ejercer el discipulado de responsabilidad para rendirse cuentas unos a otros. El prefacio de las Reglas Generales explica los

orígenes de estos grupos y coloca el material ético de las Reglas en el contexto en el que los metodistas las practicaban como forma de vida. Cuando una persona se hacía metodista se comprometía a cumplir las Reglas Generales, y parte de la disciplina semanal de las clases metodistas era inquirir si cada miembro de la clase había cumplido con las Reglas esa semana. La estructura antigua de las clases metodistas comienza a declinar a mediados de 1800, aunque persisten en muchas de las iglesias metodistas afroamericanas. A partir de finales de 1800, las clases dominicales de adultos y los nuevos grupos semanales de mujeres, hombres y jóvenes metodistas se adhirieron a partes del ethos de las antiguas clases. El ethos antiguo de discipulado responsable se está actualmente renovando en el Pacto en el Discipulado, que llama a los

DOCTRINA METODISTA Y ETHOS METODISTA

creyentes a organizar pequeños grupos para que se rindan cuentas unos a otros semanalmente por los pactos (o compromisos) que se desarrollan en base a inquietudes cristianas contemporáneas.

Una segunda área general en la cual hemos descrito el ethos metodista tradicional tiene que ver con enseñanzas en cuanto a la *moralidad personal*. Se esperaba de los metodistas que se condujesen de manera ejemplar en sus vidas personales, y el período de prueba en su membresía (continúa en las iglesias de AME, AME Sión y CME) examinaba la integridad personal del individuo. Se esperaba de un candidato a la membresía metodista no solamente ser *honesto* sino también *sincero*. Ésta es la razón por la que muchos metodistas se oponían a la membresía en "sociedades secretas" (masones y organizaciones similares). La membresía metodista implicaba apertura y vulnerabilidad de cara a los miembros de una iglesia, particularmente a los miembros de su propia clase. La conducta metodista, por encima de todo, se guiaba por la Regla de Oro.

> Moralidad personal

Tanto las Reglas Generales como por lo menos uno de los Artículos de Religión tratan de asuntos relacionados con la forma apropiada de hablar. Las Reglas Generales prohíben "tomar el nombre del Señor en vano", "pelear, reñir; alborotar, pleitear entre los hermanos; volver mal por mal, maldición por maldición; regatear en las compras y ventas", y "conversar frívolamente o sin caridad, particularmente si se

> Moralidad en cuanto a la forma de hablar
>
> Reglas Generales I; J. Wesley, Sermón

titulado "No difamen a nadie"

Artículo 25

Pureza sexual

Vestimenta

Reglas Generales, I

habla de los magistrados o de los ministros". El Artículo de Religión (25) permite a los cristianos jurar ante un magistrado cuando la situación lo requiera legalmente, pero mantiene que "confesamos que nuestro Señor Jesucristo y Santiago, su apóstol, prohíben a los cristianos el juramento vano y temerario". Los metodistas, por tanto, debían de ser cuidadosos con su forma de hablar, y hablar sólo cuando fuera necesario o beneficioso.

Otra área importante de la moralidad personal del ethos metodista histórico tenía que ver con la pureza sexual o castidad. Las declaraciones doctrinales dicen poco en cuanto a la moralidad sexual, dando por sentado que sólo el matrimonio reconocido por el estado y la iglesia es el lugar donde se puede expresar la intimidad sexual. Por lo general, los metodistas debían de evitar cualquier ocasión para la lascivia o situaciones sexualmente provocadoras o incitantes. Esto significaba, por ejemplo, evitar los bailes, los cuales los metodistas consideraban provocadores sexualmente.

Otra área más de moralidad personal con la que los metodista se ocupaban tenía que ver con la manera en la que una persona debía de vestir. Por esto, las Reglas Generales prohíben "hacer lo que sabemos que no conduce a la gloria de Dios, como: Ataviarse con oro y ropas lujosas". Los metodistas enfatizaban la sencillez del vestido no sólo porque el vestido pudiera ser sexualmente incitante (ver arriba) sino también porque consideraban los vestidos elaborados ser un ejemplo de mala mayordomía, es decir, un abuso de la propiedad. Por tanto, junto con la extravagancia en el vestir las Reglas Generales también prohíben "llevar una vida voluptuosa o demasiado regalada".

La última cita nos lleva al asunto del dinero y de las posesiones personales. Muchos metodista conocen el sermón de Juan Wesley titulado "El uso del dinero" en el cual dice al metodista "gana todo lo que puedas", "ahorra todo lo que puedas", y "da todo lo que puedas". Estas palabras no eran por supuesto licencia para la avaricia incontrolada. Más bien, las explicaciones que desarrolla bajo cada punto (particularmente el primero) clarifican que una persona debe de ganar todo lo que pueda por medio del trabajo honesto y de manera que no cause daño a ninguna otra persona. Wesley se daba cuenta de "El peligro de las riquezas" (título de otro de sus *Sermones*) y creía que la acumulación innecesaria de riquezas equivalía a robar al pobre. Por esto las Reglas Generales condenan "Amasar tesoros sobre la tierra". Consistentes con esta misma ética, los metodistas eran precavidos con el prestar y pedir prestado. Las Reglas Generales condenan "Entregar o recibir efectos a usura, es decir, interés ilegal" y "pedir prestado sin la probabilidad de pagar o recibir efectos a crédito sin la misma probabilidad". Los Artículos de Religión y la Confesión de Fe Metodista Unida permiten que los cristianos posean propiedad privada. Sin embargo,

Mayordomía del dinero y de las posesiones personales

J. Wesley, sermón "El uso del dinero", I:1, II:1, y III:1

Artículo 24; Confesión MU, Artículo 15

los metodistas se preocupaban por el uso apropiado y responsable, o mayordomía, de las posesiones propias.

Alcohol: Templanza y abstinencia

Los metodistas sentían pasión por el tema de la *templanza* en cuanto al uso de bebidas alcohólicas. Al principio, era una moderación literal, es decir, controlar minuciosamente el consumo. Por esto,

Reglas Generales, I

las Reglas Generales prohíben "embriagarse…". De acuerdo con la terminología del siglo XVIII, "licores espirituosos" (*spirituous liquors*) hacía referencia a bebidas destiladas (como el whiskey o la ginebra, no la cerveza o el vino). La expresión "en caso de necesidad extrema" se refería al uso medicinal de bebidas destiladas. Eventualmente, la experiencia metodista con los peligros del alcohol les llevó a recomendar (y en casos, requerir) la *abstinencia total* de bebidas alcohólicas. Los metodistas se involucraron con todo su corazón en la lucha por la prohibición de las bebidas alcohólicas en los Estados Unidos, y creían que la proscripción de alcohol mejoraría toda la sociedad.

Diversiones mundanas

Finalmente, la descripción de la moralidad personal asociada con el metodismo histórico quedaría incompleta sin la mención de la oposición metodista al entretenimiento popular, o "mundano". Las Re-

Reglas Generales, I

glas Generales prohíben "tomar parte en diversiones tales que en ellas no podamos invocar el nombre del Señor Jesús" y "cantar aquellas canciones o leer aquellos libros que no tiendan al conocimiento ni al amor de Dios". Los metodistas se han opuesto históricamente a los juegos de azar (en algunos casos a todos

DOCTRINA METODISTA Y ETHOS METODISTA

los juegos de azar) no sólo por querer evitar toda la diversión mundana sino también en base a la mayordomía responsable y los efectos destructivos de los juegos de azar en la vida personal y en el carácter de la comunidad.

<small>Oposición a los juegos de azar</small>

Trataremos ahora un tercer aspecto del ethos del metodismo histórico, la *moralidad social* metodista. En este aspecto, los metodistas históricamente han tomado una posición bastante progresista para reformar la sociedad —la santificación de la sociedad.

<small>Moralidad social</small>

La inquietud central de la moralidad social metodista ha sido la tarea del *alcance social*. Para el ethos metodista, esto no simplemente significaba dar caritativamente (ver más adelante) sino concretamente, un contacto personal con el pobre, el enfermo, el moribundo, el explotado y el sufriente (hombres y mujeres). Las Reglas Generales hacen a los metodistas responsables (entre otras cosas) de "dar de comer a los hambrientos, vestir a los desnudos, visitar y socorrer a los enfermos y a los encarcelados". La declaración de misión de la iglesia AME capta el espíritu de este énfasis elocuentemente, y al principio de la *Disciplina*:

<small>Alcance</small>

> La misión de la Iglesia Metodista Episcopal Africana es servir las necesidades espirituales, intelectuales, físicas y emocionales de toda persona al divulgar el evangelio de liberación de Cristo por medio de la palabra y el hecho. A cada nivel de la conexión y en cada iglesia local, la Iglesia Metodista Episcopal Africana deberá vivir el espíritu original de la Sociedad Libre Africana, de la que la iglesia AME surgió: es decir, buscar y salvar al perdido, y servir al necesitado a través de un programa

<small>Declaración de misión de la iglesia AME</small>

continuo de (1) predicar el evangelio, (2) alimentar al hambriento, (3) vestir a desnudo, (4) dar cobijo al que no tiene cobijo, (5) alentar al caído, (6) proporcionar trabajo al que no tiene, (7) administrar la necesidad de las personas que se encuentren en cárceles, hospitales, hospicios, asilos e instituciones mentales, residencias de ancianos, cuidar al enfermo, del aislado, del perturbado mental y social, y (8) alentar el ahorro y avance económico.†

Una de las mayores tragedias de la historia metodista fue la salida del Ejército de Salvación, bajo el liderazgo de Catherine y William Booth, de la Nueva Conexión Metodista durante el siglo XIX en Inglaterra. Fue una tragedia porque conforme los metodistas se identificaban más con la clase media más dejaban la obra con los pobres a grupos como el Ejército de Salvación.

Dar caritativamente

Un aspecto secundario del ethos social metodista era el *dar caritativamente*. Este aspecto estaba vinculado directamente con la ética personal de mayordomía responsable (ver arriba). Los metodistas condenaban la acumulación de riquezas excesivas (acumulación de riquezas más allá de las necesidades para vivir) con la creencia de que cualquier exceso pertenecía a Dios y a los pobres. Por esto el tercer punto en el sermón de Wesley se titulaba "da todo lo que puedas" y el texto del sermón deja claro que los creyentes deben dar todo lo que tienen más allá de lo que estrictamente necesiten para vivir. De nuevo, la ética del dar caritativamente debe considerarse en conexión con el previo pensamiento en cuanto al alcance: Los metodistas no daban dinero a organizaciones que no conocían. Apoyaban misiones caritativas con las que estaban directamente involucrados. En las congregaciones metodistas, el diezmo y los donativos prometidos no son simplemente maneras de levantar fondos para las actividades de la iglesia; son expresiones de espiritualidad.

Un tercer aspecto del ethos social metodista era la intervención en los males sociales sistémicos que debían de tratarse en el foro político. Para los metodista en la época de Wesley, el ejemplo prominente de maldad sistémica era la institución de la esclavitud humana, y Wesley no sólo apoyaba los esfuerzos de abolición de la esclavitud, también insistía en que la esclavitud era una condición que debía descartar a una persona de ser identificada como metodista. Las reglas generales de 1808 prohibían "la posesión de esclavos: comprar o vender esclavos" (ver las notas sobre las Reglas Generales en el Apéndice).

Dicho esto, sin embargo, debemos destacar también que no mantener el testimonio wesleyano en cuanto a la esclavitud se convirtió en el asunto más divisorio en los primeros cien años de las iglesia metodistas en Norte América. Temprano en su historia la iglesia ME se comprometió a considerar que la condición de propietario de esclavos era un obstáculo para la membresía. La situación se agudizó en la década de 1840 con la secesión particularmente de la MES por el asunto de la propiedad de esclavos.

Intervención en la maldad social sistémica

Esclavitud

Incluso esto no deberá afectar nuestra percepción del continuo testimonio de los metodistas de la AME y AME Sión y muchas personas de la iglesia ME en favor de la abolición. La Conferencia General de la ME finalmente volvió a declarar en 1860 que la posesión de esclavos debe considerarse motivo para remover a una persona de la membresía, y la iglesia MES confirmó con retraso esta posición histórica a finales de la década de 1800.

Oposición al racismo

Además del tema de la esclavitud, las iglesias metodistas tenían que enfrentar el tema más general del racismo como asunto doctrinal. A pesar de que el racismo se identifica simplemente con el prejuicio racial y la intolerancia, aquí nos ocupamos de la intolerancia racial con los sistemas y estructuras de poder heredados, particularmente en las iglesias. Aunque la doctrina de la catolicidad de la iglesia (ver el capítulo 5) debería de descartar el racismo en todas sus formas. El racismo se encuentra tan enraizado en las sociedades y culturas modernas que las iglesias deben enfrentarlo de una manera más directa y fundamental. Para los metodistas, la preocupación en cuanto al racismo fue el primer vínculo con el tema de la esclavitud (ver los párrafos anteriores). Daba la sensación de ser un tema más amplio, sin embargo, desde el origen de las iglesias de la AME y AME Sión, y entonces más acentuado en forma de denominaciones metodistas segregadas en el período de la Guerra Civil en los Estados Unidos.

La "Declaración Histórica" al principio de cada *Disciplina* de la AME y la "declaración del fundador" al principio de cada *Disciplina* de la AME Sión dejan claro que ambas denominaciones se originaron en situaciones de exclusión de estructuras eclesiásticas, exclusión dolorosa que se basaba enteramente en el sentimiento racial. Desde el principio, estas iglesias sentían la inquietud no sólo por el tema de la esclavitud sino también por los temas más amplios del racismo como prejuicio intrínseco en las estructuras de poder. Por esto la "Salutación Episcopal" de la AME declara "que permanecemos inequívocamente contra el racismo en todas sus manifestaciones, por ejemplo, sistémica, personal, institucional, ideológica, cultural y económica".

AME
Disciplina
1992, p. 3.

En contraste, la Iglesia Metodista Episcopal del Sur, se convirtió en una iglesia racialmente segregada. Cuando la iglesia CME se separó en 1870 de la iglesia MES, su nombre original era la "Iglesia Metodista Episcopal de Color", con este nombre heredó los patrones de segregación racial de los estados del sur, a pesar de que su *Disciplina* expresa que "de ninguna manera era exclusivamente" afroamericana. En 1954 la denominación cambió formalmente su nombre a la "Iglesia Metodista Episcopal Cristiana", notando "la inconsistencia de tener una designación racial en el nombre de nuestra iglesia". La postura segregacionista formal de la iglesia MES tuvo que retirarse antes de su unión con las iglesias ME y MP

CME
Disciplina
1994, p. 14.

en 1939, aunque estructuralmente persistió la segregación racial sancionada hasta el 1970 en forma de Jurisdicción Central separada. Ambas iglesias, CME y MU, disponen ahora de artículos que afirman "La inclusividad de la iglesia" en sus constituciones, y declaran su oposición al racismo en sus versiones del Credo Social (CME) o Principios Sociales (MU). Los miembros y las agencias de las cuatro iglesias metodistas participaron en el movimiento de los Derechos Civiles en las décadas de 1950 y 1960; estudios históricos recientes han develado la participación de mujeres metodistas blancas en esta lucha.†

Estrofa 3 por Laurence Hull Stookey (1987); en *UM Hymnal* (1989), no. 548; cf. AME (1984), no. 557; AME Sión (1957), no. 543.

Para los metodistas, la oposición al racismo no solamente se apoya en el entendimiento de que la iglesia es "católica" o universal (capítulo 5). También lo hace en nuestra teología arminiana, la cual insiste en el alcance universal del evangelio y en el alcance universal de nuestro llamado evangelístico (capítulo 3). Los himnos de Carlos Wesley daban sonido a la nota de inclusión radical que resuena por toda la adoración metodista. Continúa resonando por medio de himnos metodistas favoritos, como por ejemplo, este verso de "En Cristo no hay este ni oeste", revisado considerando Gálatas 3:28:

En Cristo no hay judío ni griego,
  no hay esclavo ni libre;
hombres y mujeres herederos son,
  todos de mi sangre son.

DOCTRINA METODISTA Y ETHOS METODISTA

Después de Wesley y de la escritura de nuestros antiguas declaraciones doctrinales, los metodistas se involucraron en otras tareas de reforma social. Se involucraron en esfuerzos para mejorar la condición de las mujeres y de niños y niñas. Las diaconisas (capítulo 5) encabezaron los esfuerzos de reforma social metodista. Con el crecimiento de las ciudades americanas a finales del siglo XIX y principios del XX, los metodistas actuaron para mejorar las condiciones de los trabajadores y la pobreza urbana. El interés en estos asuntos resultó en que en 1908 la iglesia ME adoptara un documento confesional distintivo, el *Credo Social* metodista. Aunque al principio trataba de temas económicos y del trabajo, esta declaración crecería en la afirmación directa de la inquietud de la iglesia en cuanto al uso responsable de los recursos naturales, los derechos humanos, la distribución de las riquezas y de la paz. A pesar de la declaración progresista de este documento, las iglesias MES y MP adoptaron credos sociales con contenido similar en la década de 1910 y de alguna forma esta declaración se ha incluido en toda *Disciplina* metodista desde entonces. La iglesia CME adoptó un Credo Social y lo ha extendido en tiempo convirtiéndolo en uno de los capítulos de su *Disciplina*. La iglesia EUB, cuando se estaba formando, también adoptó una declaración con tono social. Aunque existen diferencias en la expresión de las varias versiones del Credo Social, la familia metodista ha declarado con

El Credo Social metodista

rotundo consenso su inquietud social por medio de este credo. El Credo Social constituye otra indicación de que, para las iglesias metodistas, muchos de los temas morales tienen la misma importancia que las doctrinas formales que se expresan en nuestras confesiones más antiguas.

* * *

Señalamos al principio de este capítulo que algunos aspectos del ethos metodista histórico pueden parecer anticuados hoy día. Sin embargo, se podría decir que la observación del Día del Señor como un día de descanso y quietud (por indicar un ejemplo) podría beneficiar a todo el mundo. En ocasiones los metodistas se han dividido entre ellos sobre qué asuntos se deben tomar más seriamente. Los metodistas con orientación evangélica tienden a acentuar la moralidad personal, que incluye la abstinencia de alcohol y tabaco y la necesidad de pureza sexual. Los metodista socialmente progresistas a menudo acentúan la necesidad de la transformación social y el involucrarse en asuntos sistémicos como la abolición de la esclavitud o los derechos de los niños y las niñas y de las mujeres. En un mundo que parece carecer de barreras morales resultaría importante enfatizar la totalidad y el equilibrio de la visión moral metodista histórica, visión que insiste en que tanto el individuo como la sociedad deben de ser transformados por la gracia divina.

Referencias: La cita de C. S. Lewis es de su obra *Mero Cristiano*, 80. Sobre el uso y relevancia de la Reglas

Generales, ver Cartwright, "The General Rules *Revisited*" (*Catalyst* 24:4 [Abril 1998]: 1–2). La declaración de misión de la iglesia AME proviene de la 1992 *Doctrine and Discipline*, 13.

Recursos adicionales: Para un análisis más detallado del ethos social metodista histórico, ver Jones, *United Methodist Doctrine*, 221–40. La ponencia de la Dra. Rebekah Miles en la lección 8 de la serie audiovisual *The Wesleyan Studies Project* trata de las enseñanzas de la moralidad y ética cristiana en el contexto de la tradición wesleyana. La moralidad básica del movimiento wesleyano quedó plasmada en las "Reglas Generales" (en el Apéndice de este libro y en Campbell, *Wesley Reader*, 95–100). La oposición de Wesley por la esclavitud se expresa en su carta a William Wilberforce, escrita unos seis días antes de su propia muerte en 1791 y es la última carta que se conoce que haya escrito (*Wesley Reader*, 197–98; *Obras de Wesley*, Tomo XIV, 300-301).

APÉNDICE

Textos del Credo Apostólico, Veinticinco Artículos de Religión, y Reglas Generales

Nota: Este apéndice proporciona el texto completo de las tres normas doctrinales que mantienen en común las iglesias de la AME, AME Sión, CME, e IMU. Se hace mención de las diferencias en vocabulario entre corchetes.

El Credo Apostólico

Creo en Dios Padre todopoderoso, creador del cielo y de la tierra.

Y en Jesucristo, su único Hijo, Señor nuestro; que fue concebido del Espíritu Santo, nació de la virgen María, padeció ante Poncio Pilato, fue crucificado, muerto y sepultado; al tercer día resucitó de entre los muertos; ascendió al cielo y está sentado a la diestra de Dios Padre todopoderoso, de donde vendrá a juzgar a los vivos y a los muertos.

Creo en el Espíritu Santo, la santa Iglesia universal, la comunión de los santos, el perdón de los pecados, la resurrección del cuerpo y la vida perdurable. Amén.

Nota: †El uso ecuménico de este credo incluye las palabras "descendió al infierno" en esta sección. Los metodistas del siglo XIX objetaron la idea de que Cristo fuera al "infierno" el cual es lugar de juicio, pues ésta no es la intención del credo. El diálogo con otras iglesias ha motivado a los metodistas a restaurar este credo a su forma ecuménica (ver *UM Hymnal* [1989], no. 882; capítulo 2).

Veinticinco Artículos de Religión (1784)

Note: Las iglesias AME, AME Sión, CME e IMU comparten los Veinticinco Artículos de Religión. Hay algunas diferencias en los textos de los Artículos recibidos en esta iglesias. La mayoría de estas diferencias se deben a cambios de puntuación o intentos de modernizar el lenguaje anticuado de los Artículos, por lo que no he anotado estas diferencias menores. En pocas instancias algunas de las diferencias más notorias serán anotadas. El texto que sigue se basa en una comparación de las Disciplinas más recientes de estas cuatro denominaciones.

1. De la fe en la Santísima Trinidad

Hay un solo Dios vivo y verdadero, eterno, sin cuerpo ni partes, de infinito poder, sabiduría y bondad; creador y conservador de todas las cosas, así visibles como invisibles. Y en la unidad de esta Deidad hay tres personas, de una misma substancia, poder y eternidad —el Padre, el Hijo y el Espíritu Santo.

2. Del Verbo, o Hijo de Dios, que fue hecho verdadero hombre

El Hijo, que es el Verbo del Padre, verdadero y eterno Dios, de una misma substancia con el Padre, tomó la naturaleza humana en el seno de la bienaventurada Virgen; de manera que dos naturalezas enteras y perfectas, a saber, la Deidad y la Humanidad, se unieron en una sola persona, para jamás ser separadas, de lo que resulta un solo Cristo, verdadero Dios y verdadero Hombre, que realmente padeció, fue crucificado, muerto y sepultado, para reconciliar a su Padre con nosotros, y para ser sacrificio, no solamente por la culpa original, sino también por los pecados actuales de los hombres.

3. De la resurrección de Cristo

Cristo verdaderamente resucitó de entre los muertos y volvió a tomar su cuerpo con todo lo perteneciente a la integridad de la naturaleza humana, con lo cual subió al cielo y allí está sentado hasta que vuelva para juzgar a todos los hombres en el postrer día.

4. Del Espíritu Santo

El Espíritu Santo, que procede del Padre y del Hijo, es de una misma substancia, majestad y gloria con el Padre y con el Hijo, verdadero y Eterno Dios.

5. De la suficiencia de las Sagradas Escrituras para la salvación

Las Sagradas Escrituras contienen todas las cosas necesarias para la salvación; de modo que no debe exigirse que hombre alguno reciba como artículo de fe, ni considere como requisito necesario para la salvación, nada que en ellas no se lea ni pueda por ellas probarse. Bajo el nombre de Sagradas Escrituras comprendemos aquellos libros canónicos del Antiguo y del Nuevo Testamentos, de cuya autoridad nunca hubo duda alguna en la iglesia. Los nombres de los libros canónicos son:

Génesis, Éxodo, Levítico, Números, Deuteronomio, Josué, Jueces, Rut, el Primer Libro de Samuel, el Segundo Libro de Samuel, el Primer Libro de los Reyes, el Segundo Libro de los Reyes, el Primer Libro de las Crónicas, el Segundo Libro de las Crónicas, el Libro de Esdras, el Libro de Nehemías, el Libro de Ester, el Libro de Job, los Salmos, los Proverbios, Eclesiastés o El Predicador, el Cántico o Cantar de Salomón, los Cuatro Profetas Mayores, y los Doce Profetas Menores.

Todos los libros del Nuevo Testamento que son generalmente aceptados, los recibimos y los tenemos como canónicos.

6. Del Antiguo Testamento

El Antiguo Testamento no es contrario al Nuevo; puesto que en ambos, Antiguo y Nuevo, se ofrece la vida eterna al género humano por Cristo, único Mediador entre Dios y hombre, siendo que él es Dios y Hombre. Por lo cual no deben ser escuchados los que pretenden que los antiguos patriarcas tenían su esperanza puesta tan sólo en promesas transitorias. Aunque la ley que Dios dio por medio de Moisés, en cuanto se refiere a ceremonias y ritos, no obliga a los cristianos, ni deben sus preceptos civiles recibirse necesariamente en ningún estado, sin embargo, no hay cristiano alguno que quede exento de la obediencia a los mandamientos que se llaman morales.

7. Del pecado original o del nacimiento

El pecado original no consiste (como falsamente aseveran los pelagianos) en la imitación de Adán, sino que es la corrupción de la naturaleza de todo hombre engendrado en el orden natural de la estirpe de Adán, por lo cual el hombre está muy apartado de la justicia original, y por su misma naturaleza se inclina al mal, y esto continuamente.

8. Del libre albedrío

La condición del hombre después de la caída de Adán es tal que no puede volverse ni prepararse a sí mismo por su fuerza natural y propias obras, para ejercer la fe e invocar a Dios; por tanto, no tenemos poder para hacer obras buenas, agradables y aceptables a Dios, sin que la gracia de Dios por Cristo nos capacite para que tengamos buena voluntad, y coopere con nosotros cuando tuviéramos tal buena voluntad.

9. De la justificación del hombre

Se nos tiene por justos delante de Dios, sólo por los méritos de Nuestro Señor y Salvador Jesucristo, por la fe, y no por nuestras propias obras o merecimientos. Por tanto, la doctrina de que somos justificados solamente por la fe, es bien saludable y muy llena de consuelo

10. De las buenas obras

Aunque las buenas obras, que son fruto de la fe y consiguientes a la justificación, no pueden librarnos de nuestros pecados, ni soportar la severidad de los juicios de Dios, son, sin embargo, agradables y aceptas a Dios en Cristo, y nacen de una fe verdadera y viva, de manera que por ellas puede conocerse la fe viva tan evidentemente como se conocerá el árbol por su fruto.

11. De las obras de supererogación

Las obras voluntarias —ejecutadas aparte o en exceso de los términos de los mandamientos de Dios— llamadas obras de supererogación, no pueden enseñarse sin arrogancia e impiedad; pues por ellas declaran los hombres que no sólo rinden a Dios todo lo que es de su obligación, sino que por amor a Dios hacen aun más de lo que en rigor les exige el deber, siendo así que Cristo dice explícitamente: Cuando hayáis hecho todo lo que os ha sido ordenado, decid: Siervos inútiles somos.

12. Del pecado después de la justificación

No todo pecado voluntariamente cometido después de la justificación es pecado contra el Espíritu Santo e imperdonable. Por lo cual, a los que han caído en el pecado después de su justificación, no se les debe negar el privilegio del arrepentimiento. Después de haber recibido el Espíritu Santo, podemos apartarnos de la gracia concedida, y caer en el pecado y, por la gracia de Dios, levantarnos de nuevo y enmendar nuestra vida. Por lo tanto, son de condenar los que dicen que ya no pueden pecar más mientras vivan, o que niegan a los verdaderamente arrepentidos la posibilidad del perdón.

13. *De la iglesia*

La iglesia visible de Cristo es una congregación de fieles en la cual se predica la palabra pura de Dios, y se administran debidamente los sacramentos, conforme a la institución de Cristo, en todo aquello que forma parte necesaria y esencial de los mismos.

14. *Del purgatorio*

La doctrina romanista sobre el purgatorio, la absolución, la veneración tanto de imágenes como de reliquias, y también la invocación de los santos, es una patraña, pura invención sin fundamento en la Escritura, sino antes bien, repugnante a la Palabra de Dios.

15. *Del uso en la congregación de una lengua que el pueblo entienda*

Ofrecer oración pública en la iglesia o administrar los sacramentos en una lengua que el pueblo no entiende es cosa evidentemente repugnante tanto a la Palabra de Dios como al uso de la iglesia primitiva.

16. *De los sacramentos*

Los sacramentos instituidos por Cristo son no sólo señales o signos de la profesión de los cristianos, sino más bien testimonios seguros de la gracia y buena voluntad de Dios para con nosotros, por los cuales obra en nosotros invisiblemente, y no sólo avivan nuestra fe en Dios, sino que también la fortalece y confirma.

Los sacramentos instituidos por Cristo, nuestro Señor, en el evangelio, son dos, a saber: el bautismo y la Cena del Señor.

Los cinco comúnmente llamados sacramentos, a saber: la confirmación, la penitencia, el orden, el matrimonio, y la extrema unción, no deben tenerse por sacramentos del evangelio, puesto que han emanado, algunos de ellos, de una viciosa imitación de los apóstoles, mientras que otros son estados de vida aprobados en las Escrituras, sin que sean de la misma naturaleza que el bautismo y la Cena del Señor, puesto que carecen de todo signo visible o ceremonia ordenada por Dios.

[Omitido en AME y MU]

Los sacramentos no fueron instituidos por Cristo para servir de espectáculo ni para ser llevados en procesión, sino para que los usásemos debidamente. Y sólo en aquéllos que los reciben dignamente producen efecto saludable, mientras que los que indignamente los reciben, adquieren para sí, como dice San Pablo, condenación, [1 Cor. xi. 29].

17. *Del bautismo*

[Omitido en AME]

El bautismo no es solamente signo de profesión y nota distintiva, [por la cual se distinguen los cristianos de los no bautizados], sino también signo de la regeneración o [AME "de"] renacimiento.

APÉNDICE

El bautismo de los párvulos debe conservarse en la iglesia.

18. De la Cena del Señor

La Cena del Señor no es solamente signo del amor que deben tenerse entre sí los cristianos, sino más bien sacramento de nuestra redención por la muerte de Cristo; de modo que, para los que digna y debidamente y con fe reciben estos elementos, el pan que partimos es una participación del cuerpo de Cristo y, así mismo, la copa de bendición es una participación de la sangre de Cristo.

La transubstanciación o transmutación de la substancia del pan y del vino en la Cena de Nuestro Señor, no puede probarse por las Sagradas Escrituras; antes bien, es repugnante a las palabras terminantes de las Escrituras, trastorna la naturaleza del sacramento y ha dado ocasión a muchas supersticiones.

El cuerpo de Cristo se da, se toma y se come en la Cena sólo de un modo celestial y espiritual. Y el medio por el cual el cuerpo de Cristo se recibe y se come en la Cena es por la fe. Cristo no ordenó que el sacramento de la Cena del Señor se reservara, ni que se llevara en procesión, ni se elevara, ni se adorara.

19. De las dos especies

El cáliz del Señor no debe negarse a los laicos; puesto que ambas partes de la Cena del Señor, por institución y mandamiento de Cristo, deben suministrarse igualmente a todos los cristianos.

20. De la única oblación de Cristo, consumada en la cruz

La oblación de Cristo, una vez hecha, es la perfecta redención, propiciación y satisfacción por todos los pecados de todo el mundo, originales y actuales; y no hay otra satisfacción por el pecado, sino ésta únicamente. Por lo cual, el sacrificio de la misa, en el que se dice comúnmente que el sacerdote ofrece a Cristo por los vivos y por los muertos, para que éstos tengan remisión de pena o de culpa, es fábula blasfema y fraude pernicioso.

21. Del matrimonio de los ministros

La ley de Dios no manda a los ministros de Cristo hacer voto de celibato ni abstenerse del matrimonio; lícito es, pues, para ellos, lo mismo que para los demás cristianos, contraer matrimonio a su discreción, como juzguen más [AME "mejor"] conducente a la santidad.

22. De los ritos y ceremonias de la iglesia

No es necesario que los ritos y ceremonias sean en todo lugar los mismos, ni de forma idéntica; puesto que siempre han sido diversos, y pueden mudarse según la diversidad de los países, tiempos y costumbres de los hombres, con tal que nada se establezca contrario a la Palabra de Dios. Cualquiera que, apoyándose en su juicio privado, voluntariamente y de intento quebrantare públicamente los ritos y ceremonias de la iglesia a que pertenece, y que no [AME Sión y CME omite "no"] son repugnantes a la Palabra de Dios sino [AME Sión añade "no"] ordenados y aprobados por autoridad común (para que otros teman hacer lo mismo), debe ser reprendido públicamente como perturbador del orden común de la iglesia, y como quien hiere las conciencias de los hermanos débiles.

Cualquier iglesia tiene facultad para establecer, mudar o abrogar ritos y ceremonias, con tal que se haga todo para edificación.

23. De los gobernantes de los Estados Unidos

El presidente, el Congreso, las asambleas generales, los gobernadores y los consejos de estado, como delegados del pueblo, son las autoridades de los Estados Unidos, según la división de poderes señalada por [la constitución de los Estados Unidos y por] las constituciones de sus respectivos estados. Y dichos estados constituyen una nación soberana e independiente, y no debe estar sujeta a ninguna jurisdicción extranjera.

[Omitido en CME]

[AME Sión añade una sección pertinente a personas fuera de los EE UU]

24. De los bienes de los cristianos

Las riquezas y los bienes de los cristianos no son comunes en cuanto al derecho, título y posesión de los mismos, como falsamente aseveran algunos. Sin embargo, todo hombre, de lo que posee y según sus facultades, debe dar con liberalidad limosnas a los pobres.

25. *Del juramento del cristiano*

Así como confesamos que nuestro Señor Jesucristo y Santiago, su apóstol, prohíben a los cristianos el juramento vano y temerario, también juzgamos que la religión cristiana no prohíbe que se preste juramento a requerimiento del magistrado y en causa de fe y caridad, con tal de que se haga según la doctrina del profeta, en justicia, juicio y verdad.

Las Reglas Generales (1743)

De la naturaleza, diseño y Reglas Generales de nuestras Sociedades Unidas

[Prefacio Omitido en la *Discipline* de la CME]

A fines del año 1739, acudieron al señor Wesley, en Londres, unas ocho o diez personas que parecían estar profundamente convencidas de su pecado y verdaderamente deseosas de su salvación. Solicitaron éstas, así como otras dos o tres al día siguiente, que Wesley pasara algún tiempo con ellas orando y aconsejándoles cómo habían de huir de la ira venidera, la cual, según sentían, les amenazaba continuamente. Con el objeto de tener más tiempo para esta importante obra, señaló el señor Wesley un día en que pudieran reunirse todos, lo que efectuaron desde entonces los jueves por la noche. A éstos, así como a cuantos quisieron unirse a ellos (y su número aumentaba de día en día), daba oportunamente los consejos que juzgaba más necesarios, terminando siempre las reuniones con oración adecuada a sus varias necesidades.

Tal fue el origen de la Sociedad Unida, primero en Europa y después en América. La iglesia no es otra cosa que "una compañía de hombres que tienen la forma y buscan el poder de la santidad uniéndose para orar, para recibir la palabra de exhortación y para vigilarse con amor los unos a los otros, a fin de auxiliarse mutuamente en la obra de su salvación".

Para que con mayor facilidad se conozca si en verdad se ocupan sus miembros de su salvación, cada sociedad se divide en compañías menores, llamadas clases, integradas por personas cuyas residencias están ubicadas en la misma zona. Cada clase tiene unos doce individuos, de los cuales uno es nombrado líder. Es su deber:

1. Visitar a cada miembro de su clase, por lo menos una vez a la semana, con el objeto de: (1) indagar cómo prospera su alma; (2) aconsejar, reprender, consolar o exhortar, según la ocasión lo requiera; y (3) recibir lo que tenga a bien dar para el sostén de los predicadores, de la iglesia y de los pobres.

2. Reunirse con los ministros y los mayordomos de la sociedad cada semana, con el objeto de: (1) informar al ministro si hay alguien que se encuentre enfermo o que ande desordenadamente, y no se deja

reprender; (2) entregar a los mayordomos los fondos que haya recibido de su clase la semana anterior.

[CME comienza aquí] Una sola condición se exige previamente a los que quieran ser admitidos a estas sociedades, y es el deseo de huir de la ira venidera y de salvarse de sus pecados. Mas dondequiera que el alma se halla verdaderamente penetrada de este deseo, esto se conocerá por sus frutos.

Se espera, por lo tanto, que todos los que continúan en ella sigan manifestando su deseo de salvación,

Primero: no haciendo daño, evitando toda clase de mal, especialmente los más comunes, tales como:

Tomar el nombre de Dios en vano;

Profanar el día del Señor, ya haciendo en éste trabajo ordinario, ya comprando o vendiendo;

Embriagarse, comprar o vender bebidas alcohólicas o beberlas, excepto en caso de extrema necesidad;

[AME y CME lo omiten] Comprar, vender o poseer esclavos;

Pelear, reñir, alborotar, pleitear entre los hermanos; volver mal por mal, maldición por maldición; regatear en las compras y ventas;

Comprar o vender efectos que no hayan pagado los derechos;

Entregar o recibir efectos a usura, es decir, a interés ilegal;

Conversar frívolamente o sin caridad, particularmente si se habla de los magistrados o de los ministros;

APÉNDICE

Hacer a otros lo que no quisiéramos que ellos nos hicieran;

Hacer lo que sabemos no conduce a la gloria de Dios, como:

Ataviarse con oro y ropas lujosas;

Tomar parte en diversiones tales que en ellas no podamos invocar el nombre del Señor Jesús.

Cantar aquellas canciones o leer aquellos libros que no tiendan al conocimiento ni al amor de Dios;

Llevar una vida voluptuosa o demasiado regalada;

Amasar tesoros sobre la tierra;

Pedir prestado sin la probabilidad de pagar o recibir efectos a crédito sin la misma probabilidad.

Se espera que todos los que continúan en estas sociedades sigan manifestando su deseo de salvación,

Segundo: haciendo lo bueno; siendo misericordiosos de cuantas maneras les sea posible, y haciendo toda clase de bien conforme tengan oportunidad, y en la medida posible, a todos los hombres:

A sus cuerpos, según la posibilidad que Dios les da, dando de comer a los hambrientos, vistiendo a los desnudos, visitando y socorriendo a los enfermos y a los encarcelados;

A sus almas, instruyendo, reprendiendo o exhortando a todos aquéllos con quienes tenemos relaciones, no dando oído a aquella máxima errónea que dice: No hemos de hacer bien, a no ser que a ello nos impulse nuestro corazón;

Haciendo bien, especialmente a los que son de la familia de fe o a los que gimen con el deseo de serlo; empleándoles de preferencia, comprando los unos de los otros, ayudándose mutuamente en los negocios; y tanto más, cuanto que el mundo amará a los suyos, y a ellos únicamente;

Practicando toda la diligencia y frugalidad posibles, a fin de que el evangelio no sea vituperado;

Corriendo con paciencia la carrera que les es propuesta, negándose a sí mismos, y tomando su cruz diariamente; sometiéndose a sufrir el vituperio de Cristo, y a ser como la hez y el desecho del mundo; sin extrañarse que los hombres digan de ellos todo mal por causa del Señor, mintiendo.

Se espera que cuantos desean permanecer en estas sociedades sigan manifestando su deseo de salvación,

Tercero: asistiendo a todas las ordenanzas de Dios, que son:

El culto público de Dios;

El ministerio de la Palabra, ya leída o explicada;

La Cena del Señor;

[AME lo sitúa al final] La oración privada y de familia;

El escudriñamiento de las Escrituras;

El ayuno o la abstinencia.

Estas son las Reglas Generales de nuestras sociedades; todas las cuales Dios nos enseña a observar en su Palabra escrita, que es la regla única y suficiente, así de nuestra fe como de nuestra práctica. Sabemos

APÉNDICE

que todas ellas su Espíritu las escribe en los corazones verdaderamente despiertos. Si hubiere entre nosotros alguno que no las guardare, alguno que habitualmente quebrantare cualquiera de ellas, hágase saber a quienes vigilan aquella alma, puesto que tienen que dar cuenta de ella. Le amonestaremos respecto del error de su camino, le soportaremos por algún tiempo; mas si no se arrepintiere, ya no tiene lugar entre nosotros. Hemos librado ya nuestras propias almas.

BIBLIOGRAFÍA

Abraham, William J. *Waking from Doctrinal Amnesia: The Healing of Doctrine in The United Methodist Church.* Nashville: Abingdon Press, 1995.

AME Zion Church. *The Book of Discipline of the AME Zion Church 1994.* Charlotte: The AME Zion Publishing House, 1994.

AMEC Sunday School Union. *The Doctrines and Discipline of the African Methodist Episcopal Church 1976.* Nashville: AMEC Sunday School Union, 1976.

———. *The Doctrines and Discipline of the African Methodist Episcopal Church 1992.* Nashville: AMEC Sunday School Union, 1992.

Bettenson, Henry, ed. *Documents of the Christian Church.* 2nd ed. Oxford: Oxford University Press, 1963.

Burgess, Joseph A., and Jeffrey Gros, eds., *Growing Consensus: Church Dialogues in the United States, 1962-1991.* Ecumenical Documents V. New York: Paulist Press, 1995.

Campbell, Ted A. *Christian Confessions.* Louisville: Westminster John Knox, 1996.

———. *A Wesley Reader.* Dallas: Tuckapaw Media, 2008.

———. *Wesleyan Beliefs.* Nashville: Kingswood Books, 2010.

BIBLIOGRAFÍA

Cartwright, Michael G. "The General Rules Revisited." *Catalyst* 24:4 (April 1998): 1–2.

Chiles, Robert E. *Theological Transition in American Methodism, 1790-1935.* New York and Nashville: Abingdon Press, 1965.

CME Church Publishing House. *The Book of Discipline of the Christian Methodist Episcopal Church 1994.* Memphis: CME Church Publishing House, 1994.

Collins, Kenneth J. *The Scripture Way of Salvation: The Heart of John Wesley's Theology.* Nashville: Abingdon Press, 1997.

Cushman, Robert E. *John Wesley's Experimental Divinity: Studies in Methodist Doctrinal Standards.* Nashville: Kingswood Books, 1989.

Gunter, Steven, Scott J. Jones, Ted A. Campbell, Rebekah Miles, and Randy Maddox. *Wesley and the Quadrilateral: Renewing the Conversation.* Nashville: Abingdon Press, 1997.

Harmon, Nolan B. "The Creeds in American Methodism." *Encyclopedia of World Methodism.* Nashville: The United Methodist Publishing House, 1974.

Heitzenrater, Richard P. "'At Full Liberty': Doctrinal Standards in Early American Methodism." *Mirror and Memory: Reflections on Early Methodism.* Nashville: Kingswood Books, 1989.

Jones, Scott J. *United Methodist Doctrine.* Nashville: Abingdon Press, 2002.

Leith, John H. *Creeds of the Churches.* Louisville: Westminster John Knox, 1982.

Lewis, C. S. *Mere Christianity.* New York: Macmillan, 1960.

Maddox, Randy L. *Responsible Grace: John Wesley's Practical Theology.* Nashville: Kingswood Books, 1994.

Methodist Episcopal Church. *The Doctrines and Disciplines of the Methodist Episcopal Church in America, with Explanatory Notes* (Philadelphia: Henry Tuckniss, 1798)

González, Justo (Editor general). *Obras de Wesley.* Franklin: Providence House Publishers, 1996.

Oden, Thomas. *Doctrinal Standards in the Wesleyan Tradition.* Grand Rapids: Francis Asbury, 1988.

Outler, Albert C. *Theology in the Wesleyan Spirit.* Nashville: Discipleship Resources, 1975.

Runyon, Theodore M. *La Nueva Creación.* Nashville: Abingdon Press, 2006.

Tappert, Theodore G., trans. and ed. *The Book of Concord: The Confessions of the Evangelical Lutheran Church.* Philadelphia: Fortress, 1959.

Telford, John, ed. *Letters of the Reverend John Wesley, A.M.* "Standard Edition" of the Works of John Wesley. 8 vols. London: Epworth Press, 1931.

United Methodist Publishing House. *Disciplina 2008.* Nashville: The United Methodist Publishing House, 2008.

Wesley Ministry Network. *The Wesleyan Studies Project.*
Series 2: Methodist Doctrine. DVD. Washington,
D.C.: Wesley Ministry Network, n.d.

Williams, Colin W. *John Wesley's Theology Today.* Nashville: Abingdon Press, 1960.

World Council of Churches. *Baptism, Eucharist and Ministry.* Geneva: World Council of Churches, 1982.

GLOSARIO

La siguiente lista sirve como un índice, glosario y tabla de abreviaturas utilizadas en este libro. Las entradas no siempre contienen glosario de definiciones; éstas se dan sólo cuando he juzgado que los términos no se entienden fácilmente.

Abolición de la esclavitud: Las **Reglas Generales** ME a partir de 1808 prohibían a los metodistas poseer esclavos y participar en la venta de esclavos; **Juan Wesley** y la mayoría de los grupos metodistas después apoyaban la abolición de la esclavitud.

Abstinencia: En los círculos metodistas, este término se utiliza particularmente en referencia a la privación completa ("abstinencia total") de alcohol, que era la norma en la iglesias metodistas alrededor de 1890.

Adoración: La expresión última de apreciación; todos los metodistas consideran la adoración pública como una "ordenanza de Dios" en las **Reglas Generales**.

AE Asociación Evangélica: Denominación que se derivó de las personas de hablar germana asociadas indirectamente con la iglesia ME (organizada como denominación al principios del siglo XIX), dirigida al principio por Jacob Albright, Martin Boehm, y otros; se convirtió en la Iglesia de los **HEU** en 1946.

Alcance: La moralidad social metodista desde siempre ha hecho hincapié en una involucración activa y personal en el alcance a personas necesitadas.

Alcohol: La preocupación en cuanto al abuso de bebidas alcohólicas ha ocupado un lugar central en las enseñanzas morales metodistas; las iglesias metodistas abogan por la **templanza** y en la mayoría de los casos, desde 1890, por la **abstinencia** total de bebidas alcohólicas.

GLOSARIO

Allen, Richard (1760-1831): Fundador de la **Iglesia AME**.

AME Iglesia Metodista Episcopal Africana Sión: Denominación derivada de la Iglesia ME en Nueva York (década de 1790, constituida como denominación en la década de 1810).

AME Iglesia Metodista Episcopal Africana: Denominación derivada de la Iglesia ME en Filadelfia (décadas de 1780 o 1790, constituida como denominación en la década de 1810) dirigida originalmente por **Richard Allen**.

Amor de Dios: Las enseñanzas metodistas acerca de Dios acentúan el amor de Dios o su compasión por todos los seres humanos.

Anglicana: Se refiere a la **Iglesia de Inglaterra**.

Apostólica, apostolicidad: Fidelidad y continuidad con la iglesia fundada por los apóstoles; una de las cuatro **notas de la iglesia**.

Arminiano/Arminianismo: Creencia favorecida en al enseñanza metodista de que Dios quiere la salvación de todos los seres humanos y de que Cristo murió por todos los seres humanos.

Arrepentimiento: Según las enseñanzas espirituales metodistas, la vida cristiana comienza con el arrepentimiento (provocada por la **gracia preveniente**) y el proceso de santificación consiste en el arrepentimiento continuo por el pecado que permanece.

Arrianismo: Creencia rechazada por la fe cristiana histórica en la cual Cristo es un ser creado y temporal (no eterno), subordinado a Dios el Padre; la doctrina de la **Trinidad** expresada en el **Credo Niceno** se formuló en respuesta al arrianismo en la década del 300 d. C.

Artículos de Religión: Los Veinticinco Artículos de Religión constituyen la norma doctrinal de las denominaciones **AME, AME Sión, CME,** y **MU**. Se derivan de 24 Artículos que **Juan Wesley** condensó de los 39 Artículos de la **Iglesia de Inglaterra** y que posteriormente la Conferencia de Navidad ME de 1784 revisó. El texto aparece en el Apéndice.

Asuntos de justicia: La moralidad social metodista se ha preocupado de los asuntos de justicia (ver el Credo Social) fundándose en su preocupación por la santificación de la sociedad.

Ayuno: El ayuno ("o **abstinencia**") es una disciplina espiritual con el que las **Reglas Generales** responsabiliza a los metodistas.

Bautismo de infantes: Las iglesias metodistas declaran y practican el **bautismo** de infantes basándose en los bautismos de familias enteras en la iglesia primitiva, la invitación a los niños de Jesús, y la necesidad de los niños y niñas de la comunidad cristiana.

Bautismo: El **sacramento** de la iniciación cristiana, se reconoce como uno de dos sacramentos en la **doctrina** metodista.

BEM *Bautismo, Eucaristía y Ministerio*: Documento ecuménico desarrollado por la Comisión de Fe y Orden del **CMI** (1982) y aceptado por la **IMU**.

Biblia: Los metodistas afirman la **primacía, suficiencia** y **unidad** de la Biblia y considera el estudio devocional de la Biblia como un **medio de gracia**.

Caer de la gracia: Término informal de la doctrina metodista que indica que un individuo puede perder su fe en Cristo y por tanto perder su justificación; el sermón de **Juan Wesley** "La condición de desierto" describe esta posibilidad; esta enseñanza es opuesta a la enseñanza de seguridad eterna que adoptan otras tradiciones cristianas.

Camino de la salvación: El proceso de la salvación desde los inicios de la obra de Dios bajo la **gracia preveniente** a través de la **justificación** y la **santificación** expresado en declaraciones doctrinales metodistas históricas (que incluyen *Sermones* de Wesley) y en la estructura de los himnos metodistas.

GLOSARIO

Caridad: Antiguamente con "caridad" se hacía referencia al amor divino; particularmente, el amor que se muestra por medio de obras que ayudan a la persona necesitada.

Catecismo de Fe: Documento que se incluye en la *Disciplina* de la **AME**, conocido como "Minutas Doctrinales" en las obras de **Juan Wesley**; trata particularmente con los asuntos del **pecado, justificación, seguridad** y **santificación** (también la **entera santificación**).

Católica, catolicidad: Aceptación de la totalidad o universalidad del género humano y la totalidad de la enseñanza cristiana; una de las **cuatro notas de la iglesia**.

Cielo: La comunión eterna con Cristo y esas personas muertas en la fe; ver también vida eterna e infierno.

CME Iglesia Cristiana Metodista Episcopal: Denominación derivada de la **MES**, al principio llamada la Iglesia "Metodista Episcopal de Color" (1870).

CMI Consejo Mundial de Iglesias: Organización ecuménica en la que todas las iglesias pan-metodistas participan; la **Comisión de Fe y Orden** del CMI ha desarrollado una serie de documentos de consenso, que incluyen **BEM**.

COCU/COCU Consensus: COCU corresponde a *Consultations on Church Union* (Consultas sobre la Unión de la Iglesia), subsecuentemente referida como *Churches Uniting in Christ* (CUIC) (Iglesias Unidas en Cristo). La abreviación COCU también se refiere al propuesto *Church of Christ Uniting* (Iglesias de Cristo Unidas); las iglesias de la **AME, AME Sión, CME,** y **MU** aprobaron el plan de COCU y con esto afirmaron el *COCU Consensus*, documento que detalla las bases doctrinales y prácticas de la propuesta unión.

Comunión abierta: Costumbre de antaño de las iglesias metodistas de compartir los elementos de la **Santa Cena** con miembros de otras iglesias.

Comunión frecuente o constante: Las enseñanzas espirituales metodistas desde la época de Wesley alientan a participar frecuente y regularmente en la **Santa Cena**, aunque a partir del siglo XIX los metodistas se acostumbraron a la **comunión** poco frecuente (una vez al mes o cada trimestre).

Comunión: ver **Santa Cena**.

Condición humana: La doctrina metodista insiste que todo ser humano tiene necesidad de la gracia divina; ver también pecado original.

Conferencia Anual: La conferencia metodista de clerecía y laicos que se reúne anualmente; también, subdivisión geográfica de la Conferencia General (**AME, AME Sión, CME**) o Jurisdiccional (**IMU**) de una denominación metodista.

Conferencia General: En las iglesias de la **AME, AME Sión, CME** y **MU**, la Conferencia General es la asamblea o conferencia representativa más alta, y es el único organismo que puede alterar las pautas doctrinales históricas de la denominación.

Conferencias: Las primeras conferencias metodistas eran literalmente ocasiones para "conferenciar" juntos a cerca de la espiritualidad y la misión del movimiento metodista; las conferencias con el tiempo evolucionaron a estructuras más elaboradas que incluían conferencias anuales y la general.

Confesión de Fe: La Confesión de Fe MU se desarrolló de un borrador de una corta confesión de la década de 1810 de los **HU**; ésta se extendió subsecuentemente hasta que en la década de 1950 los **HEU** le dieron su forma actual.

Credo Apostólico: Un credo basado en los antiguos credos bautismales occidentales (latinos), la forma presentes del credo apostólico data de la edad media (alrededor de 700 d. C.). Es el credo de uso más extendido entre las iglesias metodistas; el texto se encuentra en el Apéndice.

Credo Niceno: Es el credo cristiano más declarado universalmente. La declaración de fe adoptada por el Concilio de Nicea (325 d. C.) y revisada a finales del siglo IV d. C.; los metodistas incluyeron el Credo Niceno en sus himnarios y en la adoración a partir de mediados del siglo XX.

Credos: Declaraciones de fe de una comunidad cristiana; los metodistas por su uso extendido se han inclinado por el **Credo Apostólico**, sin embargo en el siglo XX los metodistas empezaron también a utilizar el **Credo Niceno**.

Cristo: Las enseñanzas metodistas sobre Cristo, que incluyen su naturaleza divina y humana, son generalmente consistentes con las enseñanzas de otras iglesias cristianas.

Cuadrilátero wesleyano: El uso de la **Biblia**, la **tradición**, la **razón**, y la **experiencia** como un método para la reflexión teológica; aunque Juan Wesley no especificó el cuadrilátero como tal, sí usó las Escrituras, la razón y la experiencia e hizo referencia a momentos particulares del pasado cristiano; el cuadrilátero wesleyano se expresó por primera vez en la declaración **MU** de **Nuestra tarea teológica**.

Cuatro notas: Las cuatro notas de la iglesia son una, santa, católica y apostólica.

Declaración de misión de la Iglesia AME: Una declaración de misión de la Iglesia **AME**, en el cual se enfatiza el interés histórico metodista por el **alcance** social.

Derechos civiles: La participación metodista en el movimiento de los derechos civiles está fundada en la moralidad social metodista histórica, la cual pone énfasis en la santificación de la sociedad, y está apoyada por el Credo Social, el cual exige el reconocimiento de los derechos humanos de todas las personas.

Descendió a los infiernos (Cristo): El **Credo Apostólico** declara que Cristo "descendió a los infiernos", queriendo expresar que Cristo fue al lugar de los muertos; ya que algunos metodistas consideraban el infierno como el jugar de juicio, se negaron a pronunciar esta frase en el credo, y se ha convertido en costumbre entre las iglesias metodistas omitirla, aunque un reconocimiento de esta interpretación errónea de lo que el credo quería expresar con la palabra infierno y el contacto ecuménico ha llevado a algunas iglesias metodistas a volver a la forma original y ecuménica de este credo.

Despertar: Una experiencia típica de la espiritualidad del principio del metodismo en la que un individuo adquiría una intensa consciencia de su propio pecado y su necesidad de la gracia divina; asociado con el **arrepentimiento** y la **gracia preveniente**.

Día del Señor: Los metodistas observan históricamente el domingo como un día de descanso, tal y como se explicita en las **Reglas Generales**.

Diácono/Diaconisa: Históricamente, los diáconos metodistas eran personas que se preparaban para el ministerio ordenado de presbítero; la **IMU** consta ahora del oficio de diáconos permanentes; las diaconisas eran (en la iglesia **AME** siguen siendo) mujeres consagradas a ministerios especiales, particularmente de **alcance** social.

Dinero: ver **Mayordomía**.

Dios: Las enseñanzas metodistas acerca de Dios, con la doctrina de la Trinidad, están en general en sincronía con las enseñanzas de las otras tradiciones cristianas.

Disciplina: El proceso por el que los cristianos se rendían cuentas de sus creencias y comportamiento; en los primeros círculos metodistas la disciplina se asociaba directamente con las reuniones de clases y sus líderes; por la centralidad de este concepto, los metodistas dieron el nombre de Disciplina a sus libros de orden de la iglesia.

Disponibilidad universal de la gracia: Enseñanza metodista según la cual Dios tiene la intención de que todos los seres humanos se salven y hace la gracia (**gracia preveniente**) disponible para todos.

Doctrina: Consenso en cuanto a qué enseñar; la doctrina pueden distinguirse de la teología en general (una reflexión crítica de la creencia religiosa) y de la religión popular (lo que las personas creen a pesar de los consensos comunitarios).

Doctrinas esenciales: Según **Juan Wesley**, los cristianos deben ponerse de acuerdo en las doctrinas esenciales, aunque puedan diferir en gran manera en sus opiniones y formas de adoración.

Domingo: ver **Día del Señor**.

Movimiento ecuménico: Movimiento prominente desde principios del siglo XX que presupone la unidad espiritual de los cristianos y busca su unidad "visible"; los metodistas han participado centralmente en el movimiento ecuménico, y este movimiento ha afectado las iglesias metodistas (por ejemplo, ha influido a los metodistas a utilizar el **Credo Niceno**).

Ejército de Salvación: Organización que se separó de la Nueva Conexión Metodista en Gran Bretaña a mediados de 1800 continuando el alcance social histórico y wesleyano.

Entera santificación: Enseñanza espiritual metodista, la entera santificación es el punto culminante del proceso de santificación por el cual una persona alcanza, por la gracia divina, el completo amor por Dios y el prójimo; también llamada perfección cristiana.

Entretenimiento: La ética metodista histórica prohibía entretenimientos "mundanos" como ir al teatro, bailar, jugar a juegos de azar y similares.

Episcopacía/Episcopal: Se refiere al oficio de obispo (del griego *episkopos*); forma de gobierno de la iglesia en la cual los obispos tienen una función central.

Esclavitud/Esclavista: La moralidad social metodista incluyó la oposición a la esclavitud y la **Disciplina** ME de 1808 especificó la esclavitud como un mal que debía ser evitado por los metodistas. El cisma de la Iglesia de **MES** desde la Iglesia **ME** surgió sobre la cuestión de la esclavitud.

Escrituras: ver **Biblia**.

Espíritu católico: La creencia de **Juan Wesley** en la latitud doctrinal, es decir, que los cristianos deben ponerse de acuerdo en una breve lista de doctrinas esenciales y deben permitir diferencias de opinión.

Espíritu Santo: Las enseñanzas metodistas en cuanto al Espíritu Santo están en consonancia con las enseñanzas de otras iglesia; la espiritualidad metodista acentúa la función del Espíritu Santo como guía de los creyentes; ver también **Dios** y **Trinidad**.

Ethos: El estilo de vida de una comunidad, que incluye su perspectiva moral.

Eucaristía: ver **Santa Cena**.

Experiencia: Los metodistas se han interesado por la experiencia religiosa de la personas; el llamado Cuadrilátero Wesleyano reconoce la experiencia como una manera de interpretar la escritura.

Fe: Según la doctrina metodista, la fe es más que la expresión de conformidad (o creer que ciertas cosas son verdad), deberá también incluir una confianza sincera.

Forma de hablar: La moralidad personal metodista se ocupa de cuestiones de la forma de hablar, exhortando a los creyentes a hablar reverentemente de Dios y con respeto de otras personas.

GLOSARIO 153

Formas de bautismo: Los metodistas históricamente permiten tres formas de bautismo: aspersión, rociamiento, o inmersión.

Gracia preveniente: La gracia de Dios "antes de que llegue" (del latín *preveniens*) nuestra creencia en Cristo; enseñanza metodista que insiste en que la gracia preveniente está disponible universalmente y es la base del libre albedrío humano.

Gracia preventiva: ver **gracia preveniente**.

Gracia: El poder divino que contrasta con el esfuerzo o poder humano; los metodistas continúan la insistencia protestante de que la salvación se obtiene por la gracia de Dios; ver también **gracia preveniente**.

HEU Hermanos Evangélicos Unidos: denominación derivada de la unión de las iglesias de **AE** y los **HU** (1946); se hicieron parte de la **IMU** en 1968.

Himnos/Himnarios: La doctrina metodista desde los tiempos de Wesley se ha expresado y enseñado en los himnos; además la distribución de los himnos consta de contenido doctrinal.

HU Hermanos Unidos en Cristo: Denominación derivada de congregaciones reformadas alemanas y de otras congregaciones de habla alemana (de finales del siglo XVIII; organizada como una denominación a principios del siglo XIX), dirigida al principio por **Phillip William Otterbein** en Baltimore; en 1946 se convirtió en parte de la Iglesia **HEU**.

Iglesia de Inglaterra: La iglesia nacional que se originó durante el tiempo de la Reforma en Inglaterra; **Juan** y **Charles Wesley** eran sacerdotes de la Iglesia de Inglaterra, y muchas de las doctrinas metodistas derivaron de las de la Iglesia de Inglaterra; el adjetivo que describe la Iglesia de Inglaterra es anglicana.

Iglesia: Los metodistas siguen la definición de la Reforma de la iglesia universal por la que la Iglesia se caracteriza por su fe, predicación y los sacramentos;

los metodistas también acentúan la necesidad del discipulado y la responsabilidad personal; ver también las **cuatro notas** de la iglesia.

Iglesias reformadas alemanas: Iglesias de la tradición reformada en los estados alemanes que utilizaron el catecismo de Heidelberg como su norma doctrinal; **Phillip William Otterbein** fue un pastor reformado alemán, y la tradición de los HU en general tiene raíces en el cristianismo reformado alemán.

IM Iglesia Metodista: Denominación fundada en 1939 por la unión de las iglesias **ME, MES,** y **MP**; formó parte de la **IMU** en 1968.

IMU [Iglesia] Metodista Unida: Denominación derivada de la unión de las iglesias **IM** y **HEU** en 1968.

Inclusividad de la iglesia: ver **catolicidad**.

Infierno: En su sentido más amplio, el lugar de los muertos, sin implicar necesariamente la idea de juicio (por esto, el **Credo Apostólico** declara que Cristo descendió al infierno); en un sentido más estricto es el lugar de juicio donde las personas condenadas son separadas de la comunión eterna con Cristo y los santos; ver también **cielo** y **vida eterna**.

Itinerancia: "Itinerante" significa viajar o desplazarse de lugar a lugar; los primeros predicadores metodistas ejercieron su ministerio de esta forma, sin embargo a partir de finales del siglo XIX se consideraba itinerancia al sistema de nombramiento metodista de presbíteros y no a la necesidad de viaje constante.

Juego: Los metodistas históricamente se han opuesto a toda forma de juego por ser considerados diversiones mundanas y son maneras irresponsables de utilizar el dinero y los recursos; ver también **mayordomía**.

Juicio: La doctrina metodista declara junto con la tradición histórica cristiana que Cristo regresará para juzgarnos.

Justificación, gracia justificadora: La justificación es la obra de gracia de Dios para restaurar al ser humano a su relación correcta con Dios y perdonar su pecado; la gracia justificadora es el favor y poder divino por el cual esto sucede; la doctrina metodista mantiene que nuestra justificación es por gracia a través de la fe.

Lenguaje de género específico al referirse a Dios: La creencia de que Dios es "sin cuerpo ni partes" (primer **Artículo de Religión**) que hace del uso de lenguaje de género masculino al referirse a Dios es problemática, a pesar del hecho de que tradicionalmente las descripciones lingüísticas de Dios han sido, si no todas, mayormente masculinas; los cristianos hoy día buscan discernir cómo pueden ponerse de acuerdo en el lenguaje que se refiere a Dios (particularmente el lenguaje para describir la Trinidad) que no cree los problemas del lenguaje de género específico.

Lenguaje soez: La moralidad personal metodista sobre la manera de hablar descartó el uso de malas palabras y lenguaje soez como inadecuado e irreverente.

Ley moral: La instrucción espiritual metodista insiste (junto con la tradición reformada) que aunque la ley "ceremonial" de la Biblia hebrea (Antiguo Testamento) no es de carácter mandatorio para los cristianos, las enseñanzas morales de la Biblia hebrea, resumida en los Diez Mandamientos, son mandatorias para los cristianos.

Libre albedrío: La doctrina metodista que, como resultado de la gracia previniente, considera que todos los seres humanos tienen la posibilidad de consentimiento libre ante Dios.

Mayordomía: Uso cuidadoso y responsable de las bendiciones que Dios nos ha dado; los metodistas fomentan la administración cuidadosa del dinero y otras pertenencias.

Mayordomo/Administrador: Un oficio laico permanente en las iglesias metodistas; mayordomos o administradores metodistas (oficios suspendidos en la **IMU**) tienen una responsabilidad permanente en la supervisión de los ministerios de sus congregaciones.

ME Iglesia Metodista Episcopal: Denominación derivada de la **Iglesia de Inglaterra** (Iglesia Anglicana), organizada en la Conferencia de Navidad en Baltimore (1784) bajo el liderazgo de Thomas Coke, Francis Asbury, y otros predicadores; formó parte de la **IM** en 1939.

Medios de gracia: Los medios o canales por los que Dios transmite gracia a los seres humanos, entre estos están la **Santa Cena**, el estudio devocional de la Biblia, la oración y el ayuno.

Memorialismo: Enseñanza en cuanto a la **Santa Cena** asociada con el reformador suizo Ulrico Zuinglio (de aquí "**zuinglianismo**") de acuerdo con la cual la comunión es solamente un recordatorio o memoria de la obra de Cristo; ver también **presencia corporal**, **presencia real**, **transubstanciación**, y **virtualismo**.

MES Iglesia Metodista Episcopal del Sur: Denominación derivada de la Iglesia **ME** (1845) en el asunto de la esclavitud, la cual era permitida por esta denominación; se hizo parte de la **IM** en 1939.

Ministerio ordenado: El ministerio o servicio de personas ordenadas como diáconos o presbíteros, además de las personas consagradas como obispos.

Ministerio: En el sentido más amplio, la obra o servicio de cada cristiano basado en dones dados por Dios; en un sentido más estricto, la obra o servicio de individuos que han sido ordenados.

Moral social: La moralidad social metodista incluye la participación activa en la reforma social e incluso en la acción política. Diseñada para aliviar las condiciones sociales; para los metodistas, esto fue visto como uno de los aspectos de la santificación del mundo.

Moralidad personal: Las enseñanzas metodistas en la moral personal insistieron en la integridad y disciplina estricta, que incluyen el evitar todas las ocasiones de pecado, y el servicio activo en el crecimiento del amor a Dios y al prójimo.

Moralidad sexual: Históricamente la moralidad personal metodista insistió en la pureza sexual, incluyendo el evitar todas las ocasiones de tentación sexual (como el baile).

MP Iglesia Metodista Protestante: Denominación derivada de la Iglesia ME (1830) por el tema de la **episcopacía** (obispos), a los cuales esta denominación se opone; vino a formar parte de la **IM** en 1939.

Naturaleza divina de Cristo: Las naturalezas divina y humana de Cristo se afirman en la doctrina metodista, siguiendo el consenso primeramente declarado en el Concilio de Calcedonia, 451 d. C.

Naturaleza humana de Cristo: La doctrina metodista declara con las enseñanza histórica cristiana que Cristo era completamente humano además de ser enteramente divino en naturaleza.

Naturaleza/Carácter personal de Dios: Doctrina metodista, himnos y enseñanzas espirituales que acentúan la naturaleza personal de Dios en contraste con el poder objetivo de Dios.

Necesidad universal de gracia: Enseñanza metodista, consistente con la de otras iglesias, según la cual los seres humanos no pueden salvarse por sí mismos, y así todos estamos necesitados de la gracia o asistencia divina.

Normas restrictivas: Reglas en las constituciones de las iglesias **AME, AME Sión, CME** y **MU** que protegen los **Artículos de Religión**, las **Reglas Generales** y algunas otras normas doctrinales de alteraciones provenientes de las conferencias generales de esas denominaciones.

Notas de la iglesia: Cuatro características de la iglesia verdadera que se señalan en el **Credo Niceno** y se declaran en la Confesión de Fe de la **IM**, y son: unidad, santidad, catolicidad, y apostolicidad.

"Nuestra tarea teológica": Declaración doctrinal metodista unida adoptada en 1972 y revisada en 1988.

Nuevo nacimiento: ver **regeneración**.

Obispo: En la enseñanza metodista histórica, es un presbítero consagrado para supervisar la iglesia; las iglesias **AME, AME Sión, CME** y **MU** utilizan a los obispos con un papel central, como superintendentes en la vida de la iglesia.

Opiniones: Juan Wesley insistía en que a pesar de que los cristianos debían de estar de acuerdo con las doctrinas esenciales, el resto de los dogmas deberán considerarse "opiniones" sobre las cuales se puede estar en desacuerdo.

Oración: El ethos histórico metodista enfatizó la necesidad de la oración personal y familiar (las **Reglas Generales** insisten en este tema), así como la oración dentro de una congregación cristiana.

Orden: El termino tiene dos aplicaciones: (a) la forma específica del ministerio ordenado, es decir, las órdenes de **diácono** y **presbítero**; (b) la función de los presbíteros (y **obispos**) ordenando o disciplinando la vida de la comunidad cristiana.

Otterbein, Phillip William (1726–1813): Pastor reformado alemán que fundó la Iglesia de los **HU**.

Pan-Metodista, Comisión de cooperación y unidad pan-metodista: En el sentido más amplio "Pan-Metodista" hace referencia a todos los metodistas; en este libro lo hemos tomado en un sentido más restringido. Se refiere a las cuatro denominaciones

GLOSARIO

(**AME, AME Sión, CME** y **MU**) que participan en la Comisión de Cooperación y Unidad Pan-Metodista.

Pecado original: La doctrina metodista afirma que el pecado original es la "corrupción de la naturaleza" de cada ser humano y que lleva al pecado actual; la doctrina metodista no apoya formalmente la creencia asociada con éste en la tradición cristiana occidental, que el pecado original conlleva la condenación eterna.

Pecado: Los metodistas insisten en la universalidad del pecado en la humanidad (véase la **necesidad universal de la gracia**) y la posibilidad de curación o salvación del pecado a través de la **justificación** (que incluye el perdón) y la **santificación** (que incluye el poder dado por Dios sobre el pecado que permanece).

Perfección cristiana: ver **entera santificación**.

Política/Sistema de gobierno: Una forma de gobierno de la iglesia. Todas las iglesias metodistas mencionadas en este libro tienen un sistema de gobierno episcopal.

Posesiones: ver **mayordomía**.

Predicación laica: El movimiento metodista ha utilizado predicadores laicos desde la década de 1740; **Wesley** insistía en que los predicadores laicos tenían un "ministerio extraordinario" diferente al de los ministros ordenados; las iglesias metodistas han entrenado y contratado predicadores laicos o "locales", en ocasiones nombrándoles pastores de congregaciones locales para celebrar los sacramentos, esta práctica no es universal.

Predicación: El metodismo se desarrolló de la predicación itinerante de **Juan Wesley** y otros; los metodistas insisten en que los creyentes deben ser expuestos al "ministerio de la palabra" (**Reglas Generales**) e históricamente han empleado a predicadores laicos o "locales".

Presbítero presidente (AME, AME Sión, CME) o Superintendente de distrito (IMU): Un presbítero que preside un distrito (subdivisión de una conferencia anual) y en esta capacidad da apoyo al obispo para ordenar/organizar la vida de la Iglesia.

Presbítero: La segunda orden de ministerio ordenado, tras los diáconos, responde al oficio de sacerdote en las antiguas tradiciones cristianas; los presbíteros metodistas se ordenan en ministerios de "Palabra, sacramento y orden".

Presbíteros locales: Los presbíteros ordenados en el contexto local y autorizados a celebrar los sacramentos además de la predicación.

Presencia corporal: Enseñanza sobre la **Santa Cena** en la cual los elementos de la comunión transmiten la presencia humana, corporal de Cristo; perspectiva que favorecen los luteranos y algunos anglicanos; los Artículos metodistas y la Confesión MU parecen descartar la creencia en la presencia corporal, aunque algunos de los himnos de **Carlos Wesley** hablan gráficamente de la realidad de la presencia de Cristo en la Cena; ver también **memorialismo**, **presencia real**, **virtualismo**, y **transubstanciación**.

Presencia real: Término favorecido por muchos anglicanos para describir las enseñanzas sobre la **Santa Cena** según las cuales existe una presencia "real" de Cristo transmitida por el **sacramento**, sin especificar si esta presencia es corpórea o un poder espiritual distintivo (**virtualismo**).

Primacía de las Escrituras: La enseñanza confirmada en la doctrina metodista según la cual la Biblia tiene la autoridad principal en la vida de la iglesia.

Prohibición: Los metodistas apoyaron los esfuerzos para prohibir las bebidas alcohólicas como una ex-

GLOSARIO

tensión social de su preocupación por la templanza o la **abstinencia**.

Purgatorio: Creencia rechazada en la doctrina metodista según la cual las almas de los creyentes en el período entre la muerte y el juicio final son purificadas y pueden ser ayudadas por las oraciones de las personas vivas.

Razón: **Juan Wesley** creía que la razón humana, ayudada por la gracia divina, podría ayudar en la interpretación de la Biblia; la declaración de la **IM** de "**Nuestra tarea teológica**" afirma el uso de la razón, junto con la tradición y la experiencia, como medio de interpretar las Escrituras. Véase también el **cuadrilátero wesleyano**.

Re-dedicación, renovación: Esta enseñanza metodista sobre la santificación pide re-dedicación consistente o renovación de nuestra relación con el Salvador.

Regeneración: El acto misericordioso de Dios por el que somos renacidos (del latín *regeneratio*, "nuevo nacimiento") a la vida en Cristo.

Reglas Generales: Reglas establecidas in 1743 por **Juan** y **Carlos Wesley** como una base para continuar la identificación metodista; las Reglas Generales están protegidas como patrones doctrinales en las iglesias **AME, AME Sión, CME,** y **MU**; el texto se incluye en el Apéndice.

Reinado de Dios: ver **Reino de Dios**.

Reino de Dios: El reinado o reino de Dios al cual los cristianos (hombres y mujeres) aspiran alcanzar.

Renovación: ver **re-dedicación**.

Reunión de clase/Líder de clase: Los primeros metodistas (desde mediados de 1740) se dividieron en pequeños grupos que se reunían semanalmente para rendirse cuentas en su discipulado; el líder de la clase era un cargo importante en la práctica metodista de discipulado responsable.

Sacerdote: En antiguas tradiciones cristianas (ortodoxa, católica y anglicana), la segunda orden del ministerio ordenado, cuyo ministerio incluye la celebración del **bautismo** y la **Santa Cena**; Juan Wesley fue un sacerdote de la **Iglesia de Inglaterra**, y la orden metodista de **presbítero** (una traducción literal del griego *presbyteros*) responde a la orden del sacerdote en las tradiciones antiguas.

Sacramentos: Actos instituidos por Cristo que tienen una forma externa y que transmiten la gracia divina; según la doctrina metodista los únicos dos sacramentos son el **bautismo** y la **Santa Cena**; los sacramentos deben ser considerados una categoría más amplia de los medios de la gracia.

Santa Cena: Los metodistas celebran la Santa Cena (también llamada **santa comunión** o **eucaristía**) como uno de los dos sacramentos instituidos por Cristo (el término proviene de 1 Corintios 11:20).

Santa comunión: ver **Santa Cena**.

Santidad de la iglesia: La santidad es una de las cuatro marcas de la iglesia, la semejanza de la iglesia con lo divino, la intención de Dios.

Santidad: La cualidad de "ser apartado" o consagrada por afinidad a lo divino; la **santificación** es el proceso de crecimiento en la santidad.

Santificación/Gracia santificante: La santificación es el proceso de crecimiento en la santidad (del latín *sanctus*, "santo"). La gracia santificante es el poder o la gracia divina por la cual esto ocurre.

Segunda venida de Cristo: Doctrina metodista que reconoce con las Escrituras y los credos históricos que Cristo volverá para juzgar a toda la humanidad; la doctrina metodista no especula en cuanto a cuándo o cómo ocurrirá esto.

Seguridad eterna: Creencia favorecida por la tradición reformada y los bautistas según la cual Cristo preservará a los creyentes de caer del camino de la fe, por esto su "eterna seguridad" está garantizada; la doctrina metodista rechaza la enseñanza de la eterna seguridad, e insiste en que los creyente pueden caer de la gracia.

Seguridad: La enseñanza metodista histórica mantiene que cuando una persona es justificada, experimenta la seguridad otorgada divinamente de que sus pecados han sido perdonados.

Sucesión apostólica: Creencia rechazada por los metodistas que mantiene que una señal de la iglesia verdadera es el mantenimiento de la sucesión inquebrantable de los obispos en (o por lo menos de) las iglesias fundadas por los apóstoles.

Suficiencia de las Escrituras: La enseñanza metodista (heredada de la **Iglesia de Inglaterra**) que mantiene que la Biblia contiene todo lo que necesitamos saber para la salvación.

Superintendente de distrito: ver **presbítero presidente**.

Templanza: Los metodistas reconocieron el peligro de las bebidas alcohólicas fuertes desde el comienzo y alentaron a consumirlas en forma cuidadosa y controlada (templanza); el reconocimiento creciente de problemas relacionados con uso de bebidas alcohólicas hizo que los metodistas abogaran por la **abstinencia** total del alcohol.

Tradición reformada: La amplia tradición cristiana asociada a Zuinglio y Calvino y representada por las iglesias presbiterianas y congregacionales; la **IMU** tiene raíces en la tradición reformada por medio de **Phillip William Otterbein** y de la Iglesia de los **HU**.

Tradición: Lo que valoramos del pasado; las enseñanzas metodistas sobre la autoridad religiosa reconocen el valor de la tradición cristiana como un medio de interpretación de la **Biblia**; Véase también el **cuadrilátero wesleyano**.

Transubstanciación: La enseñanza católica con respecto a la **Santa Cena** rechazada en los artículos metodistas y confesión **MU** según la cual el pan y el vino se reemplazan con la sustancia del cuerpo y la sangre de Cristo; no debe confundirse con **presencia corporal**; véase también **presencia real**, **virtualismo** y **memorialismo**.

Trinidad: La enseñanza acerca de Dios afirmada en el Concilio de Nicea (año 325) y declarada en el **Credo Niceno** según la cual el único Dios existe como tres personas iguales y eternas (Padre, Hijo y Espíritu Santo), rechaza la enseñanza de Ariano de que Cristo era un ser creado subordinado al Padre; esta doctrina se afirma en la doctrina y el culto metodista histórico.

Unidad de la iglesia: Una de las cuatro notas de la iglesia, los metodistas afirman en el **Credo Niceno** y en la confesión MU que la iglesia, como fue planeada por Dios, es una; la base de nuestro trabajo ecuménico.

Unidad de las Escrituras: Enseñanza metodista acerca de la Biblia según la cual hay una unidad que subyace en los libros canónicos, que se centran en el mensaje central de la salvación de la humanidad en Cristo.

Vestimenta: En el metodismo temprano la moralidad personal insistía en la simplicidad en el vestir.

Vida eterna: La vida compartida en la eternidad con Cristo; ver también **cielo**.

Virtualismo: (del latín *virtus*) Enseñanza sobre la **Santa Cena** según el cual los elementos de pan y vino transmiten un poder único y espiritual como si Cristo estuviera presente corporalmente; esta enseñanza es consistente con los artículos metodistas, y la terminología de «virtud» (que significa poder divino) en la cena y se expresa en **himnos** de **Carlos Wesley**; véase también **presencia corporal, memorialismo, presencia real** y **transubstanciación**.

Wesley, Carlos (1707–1788): Sacerdote anglicano, hermano de **Juan Wesley**, quien contribuyó con miles de himnos y poemas que explican las enseñanzas metodista espirituales y sociales.

Wesley, Juan (1703–1791): Sacerdote anglicano, hermano de **Carlos Wesley**, quien fundó el movimiento metodista dentro de la **Iglesia de Inglaterra**.

Zuinglianismo: Ver **memorialismo**.

www.ingramcontent.com/pod-product-compliance
Lightning Source LLC
Chambersburg PA
CBHW011305150426
43191CB00015B/2342